高等学校大学生创新创业教育系列教材
高等教育“十三五”系列教材
国家级精品在线课程配套教材

创业基础

主　编　杨哲旗
副主编　李连弟　申珊珊　俞通海　林聪伶

電子工業出版社
Publishing House of Electronics Industry
北京 · BEIJING

内容简介

“创业基础”是一门既符合教育机理又符合创业规律的综合基础课程。课程由创业教育、商业机会、创业团队、创业财务基础、商业模式、创业风险及创业计划书模块组成，设计20多个项目内容展开教育教学，便于学生掌握创业的基础知识和基本原理，熟悉创业的基本流程和基本方法，了解创业的法律法规和相关政策。帮助学生树立家国情怀，激发学生创业热情，提高学生创业意识，增强学生社会责任感与创新精神，提升学生创业实践能力。培养学生成为自主创业、拓展就业、开创事业等全面发展的社会主义创业型高素质人才。本课程适用于高等院校所有专业开设的创业必修课的基础教材，也适用于社会青年创业就业培训的教材，还可用于远程在线开放教学的课程。

图书在版编目（CIP）数据

创业基础 / 杨哲旗主编. — 北京：电子工业出版社，2018. 1

ISBN 978-7-121-33544-0

Ⅰ. ①创… Ⅱ. ①杨… Ⅲ. ①大学生-创业 Ⅳ. ①G647.38

中国版本图书馆CIP数据核字（2018）第016731号

策划编辑：贺志洪（hzh@phei.com.cn）

责任编辑：贺志洪

特约编辑：杨 丽 薛 阳

印　　刷：三河市双峰印刷装订有限公司

装　　订：三河市双峰印刷装订有限公司

出版发行：电子工业出版社

北京市海淀区万寿路173信箱 邮编100036

开　　本：787×980 1/16 印张：16.5 字数：422.4千字

版　　次：2018年1月第1版

印　　次：2021年8月第6次印刷

定　　价：39.50元

凡所购买电子工业出版社图书有缺损问题，请向购买书店调换。若书店售缺，请与本社发行部联系，联系及邮购电话：（010）88254888，88258888。

质量投诉请发邮件至 zlts@phei.com.cn，盗版侵权举报请发邮件至 dbqq@phei.com.cn。

本书咨询联系方式：（010）88254609 或 hzh@phei.com.cn。

ONTENTS 前言

本课程是在中国特色社会主义新时代社会经济与高校教育发展的大背景下，在归纳2000年中国人社部组织的以就业为导向编写的《就业纵横——创业篇》（何向荣主编）与2009年教育部倡导的针对大学生“创业精英班”开设的《创业教育》（李小洲主编）及2012年教育部主导的面向高校所有专业“创业普及”必修课开设的《大学生创业基础》（杨哲旗 尹清杰主编）精髓的基础上，以市场变化及其趋势为出发点，从人才培养机理与中小企业成长规律的角度出发，借鉴了中外学者对高校创新创业人才的研究成果，结合教师近20年创业教育与企业家人才培养的成功经验，运用企业现代管理的新观念，让学生掌握中小企业开办与管理全过程的理论和实务的一门创业综合基础课程。

本课程将以模块、项目及知识点的形式展现，即模块一创业教育（包含3个项目），由杨哲旗编写；模块二商业机会（包含3个项目），由俞通海编写；模块三创业团队（包含2个项目），由申珊珊编写；模块四创业财务基础（包含3个项目），由杨哲旗编写；模块五商业模式（包含4个项目），由杨哲旗编写；模块六创业风险（包含3个项目），由杨哲旗编写；模块七创业计划书（包含2个项目），由李连弟编写；本教程编写稿件由台新民负责组织审阅。通过本课程教育教学，能使学生掌握创业的基础知识和基本理论，熟悉创业的基本流程和基本方法，了解创业的法律法规和相关政策。帮助学生树立家国情怀，激发创业热情，提高创业意识，增强社会责任感与创新精神，提升创业实践能力。培养学生成为自主创业、拓展就业、开创事业等全面发展的社会主义创业型高素质人才。

本课程适用于高等院校所有专业开设的创业必修课的基础教材，也适用于社会青年创业就业培训的教材，可直接连接主编所在高校主持的国家教育部

《大学生创新创业》资源库（百度云账号：630442413@qq.com）建设。以独立课程的形式融入该库《创业基础》（杨哲旗主持）主要课程的建设中，可供全国职业院校与创业型大学的学生、创业者、行业企业及社会人员在线公开课程学习与应用，为学生创业提供系统的理论与实践指导。本课程不仅是大学生创业基础课程，更是大学生创业就业成功的宝典。同学们！你们想成为创业能手，就业高手吗？想在较短时间里成就一番事业吗？那么就请您进入《创业基础》课程学习吧！

本书由杨哲旗担任主编，李连弟、申姗姗、俞通海、林聪伶担任副主编，本教程在编写过程中得到浙江省教育厅、中国高等教育协会创新创业分会、浙江工业大学及浙江工贸职业技术学院等单位同仁们的大力帮助与支持，在此表示衷心感谢！另外，本课程教材编写过程中由于时间仓促，加之编写水平有限，书中难免出现疏漏与不足，恳请广大师生予于批评指正。

该课程在浙江省高等学校在线开放课程共享平台上的入口

该课程在智慧职教平台上的入口

编　者

2018 年 1 月

CONTENTS 目录

模块六　创业风险

模块七　创业计划书

模块一

创业教育

【教学目标】

1. 通过学习，能够理解创业教育的含义。
2. 通过学习，能够了解创业教育的发展状况与价值取向。
3. 通过学习，能够了解创业者及其素质。
4. 通过学习，能够熟悉创业个性特征测试。

创业名言：“今天的商场要以知识取胜，只有通过不断填充新知识，重视积累，才能厚积薄发，通往人生的新天地。”

——李嘉诚

项目一 创业教育与创业者

要点1　创业教育的概述

创业教育的概念来源于西方，20 世纪 80 年代末期传入我国。我国于 1999 年 1 月公布的《面向 21 世纪教育振兴计划》正式确立了创业教育的理念。但是对于创业教育的概念目前还没有统一的定论。本文认为对于高校大学生教育培养来说，创业教育是指满足大学生个性需求为前提，以符合时代发展需求为目标，以创业素质为基础，以课程教育和实践活动为基本模式，培养和提高大学生创业意识，使其具备未来创业过程中所应具备的知识、技能、能力及品质的教育和培养。

一、价值取向

从总体来看，创业教育的研究历史并不长，从创业教育概念的提出到创业教育理论的初步形成，至今创业教育研究被学术界和社会所认同，大概也就 20 年时间。在发达国家中，美国的创业教育是最活跃和发展最好的，并取得了显著成效。目前创业教育在世界其他许多国家的政府和高校已经广泛开展。德国、美国、法国、日本、韩国、澳大利亚、新加坡等国在实践和理论上都取得了一定的进展。美国的大学大多要建立大学的创业研究中心，至今已经有了 50 多个，包括巴布森、哈佛、麻省理工学院等著名大学和学院。与此相配合，全国设立若干创业研究基金会、出版专业杂志、专业书籍、举办世界性和全国性的创业研讨会等。

二、创业大赛

创业计划竞赛已发展为一种成熟的创业教育手段。美国的一些著名高校，如麻省理工学院、斯坦福大学等十多所大学每年都要举办这一竞赛。由创业计划直接孵化出的企业中，有的在短短几年内就成长为年营业额数十亿美元的大公司。从某种意义上说，高校的创业计划竞赛已经成为知识经济时代美国经济的直接驱动力量之一。每年都有一些大赛的创业计划和创业团队被有眼光的高新技术企业以上百万美元的价格购买或聘用。再如，韩国大学中有个"创业同友会"形式，韩国媒体认为，大学生创办风险企业"正迅速成为一股潮流"。韩国大学生创办风险企业大致有两种方式：一是依靠学生自己组织的"创业同友会"创办，二是依靠各大学的"创业支援中心"。目前，韩国已有25所大学成立了这种中心。

要点2　国内外创业教育

我国创业教育理论研究虽然还处于起步阶段，但在创业教育的实践开展方面却发展得比较好。2002年教育部确定了中国人民大学、清华大学、上海交通大学、武汉大学、西安交通大学等9所高校在全国率先进行创业教育试点工作，这些高校已经取得了一些成功的经验。创业教育首先在于培养大学生的自我就业意识，使他们有眼光、有胆识、有组织能力、有社会责任感，在毕业时做好创业的心理准备和知识准备。

一、挑战杯

"挑战杯"中国大学生创业计划竞赛的成功举办已经在全国高校中掀起了创新、创业的热潮，产生了良好的社会效应。创业计划竞赛也是近几年风靡全球高校的重要赛事。大学生们纷纷借用风险投资的运作模式，相互组成优势互补的竞赛小组，围绕一个具有市场前景的技术产品或服务概念，以获得风险投资为目的，完成一份包括多方面内容的创业计划书，最终通过参加比赛、技术转让或成立公司等形式体现自身的创业价值。作为大学生科技活动的新载体，创业计划竞赛在培养复合型、创造型人才，促进高校产学研结合，推动国内风险投资体系建立方面发挥越来越积极的作用。

二、政府和社会支持

伴随各高校积极开展创业教育，各地政府和有关部门也为大学生创业教育的实践提供很多政策上的扶持和支持。如辽宁省沈阳市启动的“大学生零费用创业工程”设立20万元创业基金，在校大学生的项目经组织者批准后可以在基地内自办公司，独立经营，独立核算。组织者免费提供办公设施以及配套服务，在资金和技术上给予支持等。广东省推出一系列鼓励大学生自主创业的政策，如规定凡高校毕业生自办企业的，工商行政管理部门要简化其审批手续，并给予不同程度的免税政策。山东省团组织联合企业、政府等部门，采取市场化机制，推出“青春创业行动”，联合有关部门为青年创业营造有利的政策环境；提供资金、技术、信息等方面的支持；提供培训，配备创业导师，提高青年的创业能力；提供跟踪服务，降低青年创业的风险。

案 例

新东方在美国上市

2006年9月8日新东方在美上市，造就了俞敏洪这个新的亿万富翁。有人说他是中国最成功的老师，有人说他是一个纯粹的商人，把这两个角色结合在一起，俞敏洪这条路走得并不轻松。

作为国内最大的英语培训机构，新东方声名赫赫。十几年来，它帮助数以万计的年轻人实现了出国梦，众多莘莘学子借此改变了自己的命运。有人评价说，“在中国，任何一个企业都不可能像新东方这样，站在几十万青年命运的转折点上，站在东西方交流的转折点上，对中国社会进步发挥如此直接而重大的作用”。那就让我们进入他的创业历程。

失意的80年代

1978年，俞敏洪高考失利后回到家里喂猪种地。由于知识基础薄弱等原因，俞敏洪第一次高考失败得很惨，英语才得了33分；第二年又考了一次，英语得了55分，依然是名落孙山。那时俞敏洪并没有远大的志向，作为一个农民的孩子，离开农村到城市生活就是他的梦想，而高考在当时是离开农村的惟一出路。尽管生活条件比较艰苦，俞敏洪仍在微弱的煤油灯下坚持学习。功夫不负有心人，1980年，俞敏洪坚持考了三年后，最终考进了北京大学西语系。

在北大，俞敏洪是全班惟一从农村来的学生，开始不会讲普通话，结果从A班调到较差的C班。大三的一场肺结核又使俞敏洪休学一年，人也变得更加消瘦。1985年，俞敏洪毕业留在北大成了一名教师。接下来是两年平淡的生活。中国随后出现的留学热潮，让俞敏洪也萌生了出国的想法。1988年俞敏洪托福考了高分，但就在他全力以赴为出国而奋斗时，美国对中国紧缩留学政策。以后的两年，中国赴美留学人数大减，再加上他在北大学习成绩并不算优秀，赴美留学的梦想在努力了三年半后付诸东流，一起逝去的还有他所有的积蓄。

被逼下海

1991年，俞敏洪被迫辞去了北京大学英语教师的职务，为了挽救颜面不得不离开北大，生命和前途似乎都到了暗无天日的地步。但正是这些折磨使他找到了新的机会。尽管留学失败，俞敏洪却对出国考试和出国流程了如指掌；尽管没有面子在北大呆下去，反而因此对培训行业越来越熟悉。离开北大后，俞敏洪开始在一个叫东方大学的民办学校办培训班，学校出牌子，他上交15%的管理费。这一年他29岁，他的目标是挣一笔学费，摆脱生活的窘境，然后像他的同学和朋友一样到美国留学。

俞敏洪说，最初成立新东方，只是为了使自己能够活下去，为了每天能多挣一点钱。作为一个男人，快到三十而立的年龄，连一本自己喜欢的书都买不起，连为老婆买条像样的裙子都做不到，无家可归，家徒四壁，自己都觉得没脸活在世界上。当时他曾对自己说：只要能赚到十万元钱，就一辈子什么也不干了。

到今天，新东方已成为中国最大的私立教育服务机构，在全国拥有25所学校、111个学习中心和13个书店，大约有1 700名教师分布在24个城市。目前累计已有300万名学生参与新东方培训。新东方在美国纽交所上市后，俞敏洪身价已逾10亿元，其他董事会成员徐小平、包凡一、钱永强身价可能也将上亿。

新东方精神

新东方精神到底是什么？俞敏洪说，“新东方精神对我而言，是我生命中一连串铭心刻骨的故事：是在被北大处分后无泪的痛苦，是在被美国大学拒收后无尽的绝望，是在被其他培训机构恐吓后浑身的颤抖，是在被医生抢救过来后撕心裂肺的哭喊；新东方精神对我而言，更是在痛苦之后决不回头的努力，在绝望之后坚韧不拔的追求，在颤抖之后不屈不饶的勇气，在哭喊之后重新积聚的力量。”他还认为，人活着须要有一种感觉，新东方之所以被很多人接受，也是因为新东方有一种感觉存在，凡是来过新东方的人，都在新东方感觉到了一种活力、一种顽强和一种豁达。最后，“新东方走到今天，不在我的意料之中，因为最初只是为了糊口，招几个学生办个小小的补习班而已。新东方到了今天，我们就有了更多的期待，希望能够用自己的行为和思想，为中国学生做更多的事，为中国教育做更多的事，为中国未来做更多的事”。

【案例分析】

众所周知，新东方在短短不到20年的时间就发展成为国际性的大型教育机构。它的发展很值得我们学习，接下来准备从以下三方面来分析新东方的发展。

首先来分析新东方的组织结构发展的特点，以及这种组织结构发展模式在新东方成长中起到的作用。新东方在创立之初的时候用的是“大牌子底下的一群个体户，各显神通”的管理体制，他们依据“分封割据、收入提成”的方式各自把持一块业务，类似于作坊式的生产，但是这种体制子公司做得越来越大之后就会产生很大的弊端：在公司越做越大之后很多合伙人就会因为管理层次不够明确而只顾个人利益，不是像之前那样安于自己的分成，而是先顾自己的利润最大化，把新东方整体的品牌信誉置之身后。2004年，新东方开始以现代企业制度来打造企业，建立起了董事会，有了制度框架下的决策层和管理层。新东方的新体制采用矩阵形式，这种形式依赖于横向和纵向的权利关系，并利用这两种关系把按职能划分的部门和按项目划分的各中心结合起来，组成一个矩阵模式。这样的体制能够让管理者和其下属的关系明朗化，没有责任所属不明的问题，之前产生的利益分配问题和管理责任的问题就得到了解决。

其次，2004年新东方开始股权改革，到2007年新东方在美国上市，成为真正的股份制企业，这在新东方扩张成长中起到了关键作用。2004年是新东方发展的分水岭，因为从这开始新东方到了蜕变的最后一步破蛹成蝶，这次改革使新东方提升到了一个新的层面——股份制，变成股份制就意味着可以上市，可以发售股票，从而可以拥有更高的知名度和更大的利益。这次蜕变之后，新东方完成了从个体户到合伙制，再到公司制、股份制的化蝶过程，上市之后不到两年的时间新东方就已经与美国教育考试服务中心（ETS）签订协议，成为中国惟一经ETS授权在其培训过程中提供托福模考产品——“托福在线练习”（TPO）的培训机构。

课后思考

1. 许多人在大学期间辍学创业，并且取得了巨大成功如比尔·盖茨、乔布斯等，你如何看待这个现象？

2. 你如何看待大学生创业和就业？

项目二
创业者的素质

要点1　创业者的概念

在有关创业（entrepreneurship）的研究中，存在以下两种对立的基本观点。

第一种观点是创业者是创造或建立任何新模式的企业的个人，即企业外部的创业者。Turgot（1766）区分了创业者和资本家的概念，他认为创业者以一种新的方式获得或组织生产要素以创造价值，而资本家只是“提供他需要的风险资金”。

第二种观点是创业者是革新者，即企业内部的创业者。Schumpeter（1934）认为“企业”是“新组合的运行”。所谓“新组合”，是：①新产品或产品的新品质的引进；②新生产方式的引进；③新市场的开拓；④原材料或半成品的新供应源的控制；⑤新组织结构的运行。而“创业者”是使新组合的自由体系不断地跨越障碍的革新者，而不仅仅是使已建成公司一成不变地运转的人。也就是说，创业者能将公司资源与远景导向相结合并对其负责，创业者不墨守陈规，而常常是变革其轨道的人，是那些有眼光、有能力、敢于冒险实现创新的人。正如美国经济学家 Drucker 认为，创业者是革新者，是勇于承担风险、有目的地寻找革新源泉、善于捕捉变化、对变化做出反应，并把变化作为可供开发利用的机会的人。

与 Schumpeter 的纯粹实用主义相似，Bruyat&Julien（2000）从构建主义角度对创业者定义进行了整合：①承认个体是创造新价值的一个重要或关键因素。从法律意义上来说，不只是只有创业者通过创建企业或某种革新为社会创造了新价值。他们只是创造了大部分新价值，是经济体系合理运转的必要条件；②认为个体不是自动对环境刺激做出反应的机器。他们有能力学习和创造，有能力自我实现，因此，不管环境是提供了机遇还是设置了阻碍，他们都有行动的自由；③环境中的资源促进了一个地区的创业者数量的增加。

综上所述，创业者是处于相对公平竞争的市场环境下的，通过他们自己或者他们领导的团队的一系列自由市场行为，创建一个新企业或整合固有的资源而对现有企业进行革新，从而为社会进步、经济发展、企业成长和个人财富做出贡献，在整个过程中创造大部分价值的，具有个人主动性、创造性、学习能力以及能够反作用于环境的个体。

要点2　创业者是集合概念

创业者需要具备以下素质：创业意识、创业心理品质、创业能力、竞争意识、创业精神。创业者是一个素质集合概念。

一、创业意识

创业意识，创业者必须具备自我实现、追求成功的强烈的创业意识，它包括与创业有关的需要、动机、兴趣、理想、信念和世界观六个因素。创业意识集中表现了创业素质中的社会性质，支配着创业者对创业活动的态度和行为，并规定了态度和行为的方向、力度，具有较强的选择性和能动性，是创业素质的重要组成部分，是人们从事创业活动的强大内驱动力。强烈的创业意识，可以帮助创业者克服创业道路上的各种艰难险阻，将创业目标作为自己的人生奋斗目标。

案　例

飞出来的“孔明灯大王”

刘鹏飞，2007年从江西九江学院毕业，许多同学都在为工作而发愁，但刘鹏飞却已成竹在胸。一毕业，他就毫不犹豫地踏上了开往义乌的火车。当时，他身上除了一些必备物品外仅剩5元钱。为了填饱肚子，同时也为了锻炼自己的工作能力，他决定先去找工作。辗转奔波，终于在一家公司做了一名外贸销售员。一个月后，刘鹏飞拿着1 400元工资，毅然决然地辞职了。当时就有很多同事劝他不要辞职，因为在外面找工作也不容易，不要一时头脑发热而做错事。但是刘鹏飞却坚定着他的创业之路，丝毫不为之动摇。

在坚定了自己的创业决心后，刘鹏飞拿着交完房租剩下的仅有的800元就开始了自己的创业之路。跟别的创业者不同，他没有经验和资金，有的只是创业的决心、激情和勇敢，于是就那样大胆地踏上了创业的道路。当然，他的创业之路并不是一帆风顺的。辞职一个多月了，始终没有找到合适的项目。这才约朋友去公园散散心，没想到却意外看到了孔明灯，一开始只是觉得好奇，就准备买一个。第二天一大早，刘鹏飞就跑到义乌小商品批发市场买孔明灯。令他没有想到的是，偌大的小商品市场竟然没有几家销售孔明灯的。逛了整整一天，才好不容易淘到了一盏孔明灯。在义乌这个号称全球最大的商品批发市场中却只有几家在销售孔明灯，这个发现让刘鹏飞欣喜不已。后来他又对孔明灯做了进一步的调查，了解到了孔明灯市场竞争小，而且潜力巨大，有着丰富的文化内涵，并且收益也比较快。说干就干，从小商品市场回来的第二天起，刘鹏飞就开始认认真真地设计起他的孔明灯网站来。只要网上有人下订单，自己就先去市场批发回来，然后再转手卖出去。刘鹏飞的想法，得到了女朋友的支持。两人从小商品市场买了100多个孔明灯。果然不出所料，在依靠着网上的平台，义乌的市场资源和女友的支持和帮助下，刘鹏飞在第一个月就赚了几千元钱。从此以后，刘鹏军更加努力地寻找客户，短短的半年就积攒了6万元的存款。

经过这件事情后，刘鹏飞开始打算自己建一个工厂。在研究了孔明灯的材料，制作工艺之后，并且早在半年前，刘鹏飞就让哥哥去学孔明灯的制作技术，众多条件具备，短短的一个月，从建厂到生产，刘鹏飞就保质保量地完成了订单所需要的全部孔明灯，一下子就赚了近10万元。这更加坚定了他的创业决心。后来，刘鹏飞的女朋友和好朋友吴道军先后辞去工作，加入了刘鹏飞的公司。刘鹏飞负责销售和生产、女朋友负责外贸、吴道军负责采购。三个人合作默契，短短半年时间，销售额就达到了300多万元。2009年，刘鹏飞又先后推出了荷花灯、水灯等工艺灯具，产品远销欧洲许多国家，这也为他迅速积累了数百万元资产。

【案例分析】

首先他有着很大的创业决心，一直很坚定地走着自己的创业道路。当其他同学在为就业忙碌时，他就到了义乌去寻找自己的创业项目。当他在义乌找到了一份足以谋生的工作时，却干了一个月后毅然辞职去创业，这些都表明他有着坚定的创业决心。这除了他的家庭背景有一部分关系外，很大一部分是由他本身的性格所决定的，他有着一种勇敢奋进、不甘平庸的品质和年轻人应有的激情与活力。这些都是一个成功创业者的最基本的条件和基础。

其次，在项目的选择上，选择了孔明灯这个传统的项目。可能这有悖于一些传统的创业成功经验，例如创业选择的项目最好是高科技产品，创新型技术产品，等等，而是这样一种中国传统的小商品，可能是一些人想不到的或者是不注意不屑于去想的，但正是因为这一点，抓住了别人想不到的，又没有多大成本资金投入的项目而抢先进入了这个市场，从而取得了别人所得不到的成功。同时选择孔明灯这个项目也并不是他的心血来潮，而是做了前期的社会调查和搜集了许多相关方面的资料，在充分了解了孔明灯的市场供应和市场需求之后，而做出的一个深思熟虑的决定。这充分说明大学生创业在选择创业项目时，并不是根据自己的一时兴趣和冲动而做出的选择，而是要经过多方面的考察和研究，在了解相关的市场信息之后才能做出的决定。而且项目的选择对于创业的成功与否也起着至关重要的作用。选择一个正确的项目，一个符合自己的专业知识和一个有着市场前景的项目是成功创业的前提和基础。所以当我们在创业时，首先应该明确自己的创业项目，明确自己的创业方向。

二、创业心理品质

自主创业就等于是一个人去面对变化莫测的激烈竞争以及随时出现的需要迅速正确解决的问题和矛盾，这需要创业者具有非常强的心理调控能力，能够持续保持一种积极、沉稳的心态，即有良好的创业心理品质。它包括独立性、敢为性、坚韧性、克制性、适应性、合作性等方面，反映了创业者的意志和情感，在很大程度上决定了创业者能否成功

案 例

从大学时代的创新思维到世界500强——联邦快递创业之路

联邦快递（Federal Express）公司成立于1973年，全球总部设在美国的田纳西州孟菲斯，另在中国香港、加拿大安大略、多伦多和比利时布鲁塞尔设有区域总部。目前，联邦快递在全球拥有148 000名员工，拥有大约1 200个服务中心，超过7 800个授权寄件中心，435 000个投递地点，45 000辆货运车，662架货机，服务机场覆盖全球365座大小机场，服务范围遍及全世界210多个国家，日平均处理的货件量多达330万份。

联邦快递以其无可比拟的航空路线权以及强固的信息技术基础设施，在小件包裹速递、普通递送、非整车运输、集成化调运系统等领域占据了大量的市场份额，成为全球快递运输业泰斗，并跃入世界500强企业。

联邦快递公司的创立者、总裁弗雷德•史密斯的父亲是位企业家，创立了一家经营得很好的巴士公司。20世纪60年代，弗雷德在耶鲁大学读书，他撰写过一篇论文，提出一

个超越传统上通过轮船和定期的客运航班运送包裹，建立一个纯粹的货运航班，用以从事全国范围内的包裹邮递的设想。这是一个开创性的创业设想。弗雷德在论文中提出，在小件包裹运输上采纳“轴心概念”理念，并利用寂静的夜晚通过飞机运送包裹和邮件。可是他的老师并未认可这个创新理念，这篇论文只得了个C。

毕业后弗雷德曾在越战中当过飞行员，回国后他在可行性研究基础上，把从父亲那里继承的1 000万美元和自己筹措的7 200万美元作为资本金，建立了联邦快递公司。田纳西州的孟菲斯之所以被选择作为公司的运输中央轴心所在地，首先，孟菲斯为联邦快递公司提供了一个不拥挤、快速畅通的机场，它坐落在美国中部地区；其次，孟菲斯气候条件优越，机场很少关闭。正是由于摆脱了气候对于飞行的限制，联邦的快递竞争潜力才得以充分发挥。

【案例分析】

实践证明，弗雷德的“轴心概念”将货物集中于转运中心后再出货的经营构想，的确能为小件包裹运输提供独一无二的、有效的辐射状配送系统，是联邦快递创业成功的关键因素。弗雷德的出奇之处不仅在于小件包裹运输采纳“轴心概念”的营销模式创新，更在于他能够把人们忽略的时间运用起来，把本来是低谷的时段变成一种生意的高峰期。

成功的选址也许对其安全记录有着重大贡献，在过去的40多年里，联邦快递从来没有发生过空中事故。联邦快递的飞机每天晚上将世界各地的包裹运往孟菲斯，然后再运往联邦快递没有直接国际航班的各大城市。虽然这个“中央轴心”的位置只能容纳少量飞机，但它能够为之服务的航空网点要比传统的A城到B城的航空系统多得多。另外，这种轴心安排使得联邦快递每天晚上飞机航次与包裹一致，并且可以应航线容量的要求而随时改道飞行，这就节省了一笔巨大的费用。此外，联邦快递相信：“中央轴心”系统有助于减少运输上的误导或延误，因为从起点开始，包裹在整个运输过程都有一个总体控制的配送系统。

三、创业能力

全面的创业素质能力是一种特殊的能力，它由决策能力、经营管理能力、专业技术能力与交往协调能力组成，影响着创业活动的效率和创业的成功。

1. 决策能力

决策能力是创业者根据主客观条件，因地制宜，正确地确定创业的发展方向、目标、战略以及具体选择实施方案的能力。决策是一个人综合能力的表现，一个创业者首先要成为一个决策者。创业者的决策能力通常包括分析、判断能力和创新能力。

2. 经营管理能力

经营管理能力是指对人员、资金的管理能力。它涉及人员的选择、使用、组合和优化；也涉及资金聚集、核算、分配、使用、流动。经营管理能力是一种较高层次的综合能力，是运筹性能力。

3. 专业技术能力

专业技术能力是创业者掌握和运用专业知识进行专业生产的能力。专业技术能力具备很强的实践性，要在实践中摸索，并逐步提高发展和完善。创业者要重视创业过程中专业技术方面经验的积累和职业技能的训练，对于书本上介绍过的知识和经验在加深理解的基础上予以提高、拓宽；对于书本上没有介绍过的知识和经验要探索，在探索的过程中要详细记录、认真分析，进行总结、归纳，上升为理论，形成自己的经验特色。

4. 交往协调能力

交往协调能力是指能够妥善的处理与公众（政府部门、新闻媒体、客户等）之间的关系，以及能够协调下属各部门成员之间关系的能力。创业者应该做到妥当地处理与外界的关系，尤其要争取政府部门、工商以及税务部门的支持与理解，同时要善于团结一切可以团结的人，团结一切可以团结的力量，求同存异共同协调的发展，做到不失原则、灵活有度，善于巧妙地将原则性和灵活性结合起来。

案 例

王均瑶，1966 年 9 月 15 日出生在浙江省温州市苍南县大渔镇，温州人的商业眼光在他身上一览无遗。“资源可以无中生有。”王均瑶说。某种程度上，均瑶集团的成功，部分是出于王均瑶的“不安分”的气质。

1991 年，一句玩笑改变了王均瑶的生活。那时他只是一个在湖南长沙讨生活的温州小商人。1991 年春节前夕，王均瑶赶回家过年因买不到火车票，就与几位朋友从长沙包了一辆豪华大巴回温州。在车上，他无意中说了句汽车太慢了，同行的一位老乡便挖苦道，飞机快，你坐飞机回去好了。说者无意，听者有心，这句别人听后就作罢的“笑话”却让王均瑶琢磨起来：是啊，能包车、包船，为何不可以包飞机？

敢想的王均瑶也敢为。于是春节刚过，王均瑶便带着奇想斗胆跨进了湖南省民航局的门槛。他先向民航局的领导询问，为何不开通温州至长沙的航班。对方告知，温州机场是新建机场，这条航线客源尚不足，开了要亏本。王均瑶不相信，他知道有1万左右的温州人在长沙做生意。他知道，温州人不仅把时间看做金钱，还把精力消耗列为一项经营成本。比如，往返长沙备受旅途之苦，就是一项不小的经营成本开支。如果乘飞机走这条路线，虽然机票是一项高成本，但把时间、旅行费用、精力消耗等因素并在一起考虑，其综合成本反而比坐长途火车再转长途汽车低得多。因此，他认为在长沙经营的温州人一定看好这条空中走廊。基于这种分析，他大胆地抛出一句惊人之语：我要承包这条航线！湖南民航局的人听罢，认为王均瑶简直是异想天开。

但王均瑶不气馁，他恳切地说，你们考虑的核心问题是经营风险。这个险我来冒。我先把几十万元钱押给你们，等于每次先付钱，后开飞。我不押钱就不飞，这样你们就“旱涝保收”了。这句话着实打动了对方的心。包机的突破口就从这里打开了。尔后，双方的合作就在这个“先付钱、后开飞”的支点上一步步活转起来，最后，双方达成了共识。跑了无数个部门、盖了无数个图章后，温州至长沙的包机航线终于开通。

1991年7月28日，一架“安24”型民航客机从长沙起飞，平稳地降落于温州机场。25岁的王均瑶首开中国民航史私人包机的先河，承包了长沙至温州的航线，成为中国私人包机第一人，并创办了中国第一家民营包机公司——温州天龙包机有限公司。这次跳跃还意味着中国的民营经济首次介入国家专控领域。1992年，王均瑶组建国内第一家民营包机公司，至今开通50多条包机航线。然而由于国内民航业是较为特殊的、垄断性的、半军事化的行业，王均瑶的民间包机经营业务在客观上也受到很大的限制，在许多方面很难掌握经营的主动权，从而一度导致经营亏损。

面对出现的问题，王均瑶没有动摇，一方面他不断地调整经营策略，开始了以地面（产业）养空中（产业）的探索；另一方面他积极开始了“当家作主，入组航空”的攻垒行动。王均瑶抓住武汉航空公司改制的机会，开始与“武航”“东航”及武汉市政府所属的武汉高科集团公司进行合作接触。

“武航”改制重组，是一块“空中肥肉”，争相入股者趋之若鹜。在这梦寐以求的重大商机面前，王均瑶与公司副总裁王均金为之倾注了满腔的心血。他们频频往返于北京—上海—武汉—温州之间，向国家民航总局与武汉市政府以及“东航”“武航”恳切表达自己的入股心愿，并充分宣传自己的合作优势。

功夫不负有心人。均瑶集团终于靠着其10年来积累的航空经营经验和“近水楼台先得月”的优势，赢得了“武航”、国家民航总局与武汉市政府的信任。为了表示自己的诚意和决心，四方合作意向甫定，王均瑶就像10年前为争得“包机权”而果断地先向湖南省民航局汇进几十万元“保证金”一样，即向“武航”打入首批5 000万元入股资金。由此，参股之事“一锤定音”，王均瑶稳操了入主民航垄断业的胜券。

【案例分析】

在商品贸易中，工业品占绝对多数，不了解产品的性能、生产制造情况，就很难保证在贸易中得到收益。工科学习不仅可以培养知识技能，而且能帮助建立一套严谨求实的思维体系。清楚的推理分析能力，脚踏实地的工作态度，正是经商所需要的。王均瑶虽然很早就辍学但是他广泛接触商业领域，这些知识在他后来的商业活动中发挥了举足轻重的作用。

在市场经济下，一切经济活动都通过商业活动来实现，不了解经济规律，不学习经济学知识，就很难在商场立足。在准备包机前，王均瑶掌握了经济学的基本知识，搞清了影响商业活动的众多因素，还认真学习了有关法律和微观经济活动的管理知识。几年下来，他对会计、财务管理也较为精通，在知识上已完全具备了经商的素质，为创立民营航空公司做了铺垫。

经商必须有很强的人际交往能力，要想在商业上获得成功，必须深知处世规则，善于与人交往，建立诚信合作关系。这种开拓人际关系的能力只有在社会工作中才能得到提高。在环境的压迫下，王均瑶养成了强烈的自我保护意识，由稚嫩的热血青年成长为一名老成、处变不惊的商人，并结识了各界人士，建立起一套关系网络，为后来的发展提供大量的信息和便利条件。

时机成熟后，应果断决策，切忌浪费时间，应抓住契机实现计划。可见，王均瑶的举措体现了他强大的创业能力、决策力、经营管理能力、专业技术能力和交往协调能力。

四、竞争意识

人生即竞争，竞争本身就是提高，竞争的目的只有一个——取胜。随着我国社会主义市场经济从低级向高级发展，竞争越来越激烈。从小规模的分散竞争，发展到大集团集中竞争；从国内竞争发展到国际竞争；从单纯产品竞争，发展到综合实力的竞争。因此，创业者如果缺乏竞争意识，实际上就等于放弃了自己的生存权利。创业者只有敢于竞争，善于竞争，才能取得成功。

案 例

既生瑜何生亮

正泰集团公司董事长南存辉和德力西集团董事局主席兼总裁胡成中曾是同班同学，在1984年合伙开办工厂。1991年，两人友好分手，创办了之后成为中国低压电器行业排名前两位的企业——正泰和德力西，他们就是南存辉和胡成中。作为中国第一代民营企业家，在过去的30多年中，以及在未来的日子里，南存辉和胡成中将一直讲述着创业伙伴分手，各自创出一片天地，既竞争又合作的传奇。

裁缝和修鞋匠的合作

1984年7月，“求精开关厂”在温州乐清县柳市镇成立了，创办者是胡成中。不久后的1985年，胡成中邀请南存辉成为了他的合伙人。两人走到一起的原因很简单，首先是相互熟悉，彼此有深入的了解。此外，胡成中擅长销售，负责“主外”，需要一位懂生产的人“主内”，南存辉是最佳的人选。在当时，柳市镇已经诞生了众多的电器厂家，大部分都属于家庭作坊式的工厂，走的是“低质低价”的路线，产品质量比较低劣。“求精开关厂”则与众不同，一开始就很注重质量。为了保证产品质量，南存辉跑到上海，请来了一些国营电器厂的退休工程师作为技术指导。1986年8月，求精开关厂投资建立了温州第一个热继电器试验室。1988年1月，求精开关厂又领取了温州第一张国家机电部颁发的生产许可证。1989年，质量低劣的柳市低压电器遭到全国的抵制，一些单位门口甚至挂出了“温州电器推销员免进”的牌子。1990年，国家六部一委派出工作组进驻柳市，专查“假冒伪劣”，很多电器厂家纷纷落马。但检查组来到求精开关厂时却眼前一亮，没想到柳市居然有一家领取了生产许可证、有自己品牌、质量过硬的低压电器生产厂家，给予了充分肯定。温州、乐清两级政府也当即决定，将求精开关厂作为重点扶持对象。当其他电器厂家猛然醒悟，开始大打质量牌的时候，求精开关厂已经抓住先机，遥遥领先。

分手：“两个都是想当老大的人”

1990年，南存辉和胡成中进行了第一次“分家”，双方共用一个厂名，一堵墙隔开两个车间，各自生产，打同一牌子销售。当时，求精开关厂的总资产是200多万元，年产值已经达到了1 000多万元。经过一年的尝试，发展势头都不错，双方决定正式分开。

分手似乎是注定的。到现在，应该说两个企业分开以后，在同行业当中发展得还是不错的，属于前茅的。南存辉则表示，“大家走到一起是缘份，假如不能走到一起也是缘份，有些东西不能勉强，尤其是价值观。利益多一点少一点无所谓，关键就是价值观，假如说观念不一样想法不一样，一定要把它们揉在一起，那是非常痛苦的。而且价值观也没有对错，你怎么想都可以，怎么干都行，至于怎么干，到最后的话还是以成败论英雄”。

正泰和德力西的“斗法”

1991年，南存辉成立了温州正泰电器有限公司，胡成中成立了乐清德力西电子元件厂，两人正式分道扬镳。20世纪90年代是低压电器民营企业的黄金年代，它们抓住了国家电网改造的契机，迅速壮大。和国营企业相比，民营企业灵活而具有吃苦精神，这让它们无坚不摧。在柳市，逐渐形成了低压电器的产业集群，以国有企业为主的六大低压电器生产基地没落了，而柳市则获得了“中国低压电器之都”的美誉。

1996年之前，德力西一直走在正泰的前头。南存辉进行了股权结构改制，让自己的股份一再稀释，凭借稀释家族股权，让更多股东（企业）加盟的方式，正泰进行了快速扩张，在1996年，其销售额首次超过德力西。1996年之后，正泰和德力西的发展轨迹也体现了两人性格和价值观的差异。正泰一直很专注，虽然在1996年曾短暂尝试过多元化经营，但在交了三四百万元学费后，南存辉很快收手，并定下规矩：不熟悉的不做；行业跨度太大、没有优势的不做；要多元化也是同心多元化。德力西从1998年开始走上了多元化的道路，逐渐进入再生资源、房地产、物流等领域。也许是多元化拖累了德力西，此后，它和正泰的距离逐渐拉远，使正泰成为了低压电器行业毫无争议的老大。

2006年12月，德力西和全球500强企业法国施耐德电气成立了合资公司。此前，施耐德一直想和正泰合作，因为南存辉始终坚持品牌的主导权和控制权，两家企业谈了十多年都未谈成。2010年1月，正泰在上海证券交易所成功上市，成为中国第一家以低压电器为主业的A股上市公司。南存辉和胡成中的“斗法”还在延续。如何看待两人的竞争关系？胡成中认为既有竞争又有合作，是战略联盟的伙伴关系：“这个合作，目前来讲是价格上面，大家不要竞相压价，提高质量，如何从效益最大化，向价值最大化去进取。”南存辉认为，有一个德力西在正泰身边，正泰在那儿不敢睡觉，有个正泰在德力西身边，他们也不敢睡觉，两者在不断地比赛。

五、创业精神

创业精神是一种天赋，代表了一批优秀的创业者，就好比温州人的四千精神：走遍千山万水，吃遍千辛万苦，说尽千言万语，想尽千方百计。正是有了这样的精神，温州人才能在这么短的时间内，取得改革开放以来的巨大成就。

案 例

千里之行，始于“足”下

1998 年，刘尊众主动从单位下岗，想要自己创业，可是究竟干什么好呢？偶然的机会，刘尊众看到一个脚病修治班。当时西安几乎还没有一个专门修治脚病的地方，而老百姓的脚有了病也只能到路边小摊寻求治疗，正是瞅准了这一市场空白，刘尊众决定去学修脚。由于受到传统文化的影响，干修脚一般人瞧不起，没有人愿意学，他就很高兴。为什么？大家都不愿意学，那么将来就业的人就少，竞争就不会太激烈。于是，大学毕业的刘尊众报名参加了脚病修治班，然而，他万万没想到，他的这一决定在家里掀起了轩然大波。

当时他父亲是厂里的秘书，知道以后，非常愤怒了，把家里能砸的东西全砸了，说宁可把我腿给剁了，我养你一辈子，我也不要你给我出去丢人现眼。

是啊，一个大学生，放着好好的工作不干，偏要下岗学修脚，究竟这刘尊众想干什么啊，是想标新立异出名？还是哗众取宠？一时间，众说纷纭。还有许多人说风凉话，说我干不成，说刘尊众是个啥啊，他能干个狗屁。当时我就冲这句话，我就要干点成绩出来，我不能你们说我不行那我就不行。

虽然大家都不看好这个行业，但刘尊众还是下定决心要学修脚，可是来到报名的地方，身无分文的他才发现自己连报名费都交不起。这俗话说，一分钱难倒英雄汉，难道真的就这样放弃吗？

万般无奈，当时我就去一个血站去卖血，里边的阿姨对我有误解，误以为我好逸恶劳，就很瞧不起，我就把我的情况简单讲了一下，说完之后，阿姨说了这样一句话，我答应你今天卖血，但是你答应我，这是你今生今世第一次卖血，也是最后一次卖血。拿着卖血得来的 120 元钱，刘尊众交了报名费，又用一元钱买了 5 个馒头。当时一口气我吃下去 4 个，因为当时吃干馒头对我来说都是一种奢侈。

我们当时练习基本功的时候，不是需要筷子吗？1 块 5 毛钱可以买 100 双，我没钱，我就从垃圾堆里捡别人用过的旧筷子。我捡的时候，别人就说刘尊众，你咋是个拾破烂的，我说，是的，我就是，说这话的时候，我连头都不抬，因为我怕一抬头，他们看见我的眼泪。

为了完成学业，刘尊众咬紧牙关坚持着。为省 5 毛钱的公车票，他每天骑自行车往返 40 里路去上课，渴了就喝自来水，饿了就吃干馒头，甚至为了省 2 毛钱，他都舍不得上公共厕所。

手艺学成，租了一间 7 平方米的小屋，刘尊众风风火火地干起来了，可是，修脚，在 10 年前，还绝对算是个稀罕事，人们印象中治疗脚病的都是路边小摊的江湖郎中，那么，会有人来店里修脚吗？半个月，没有一个客人，刘尊众开始怀疑是不是自己真的错了，于是，他在心里给自己定了个期限，一个月，假如一个月都没有客人，他就放弃，然而，就在第 15 天的时候，他终于等来了第一个客人。慢慢的，刘尊众的生意逐渐好了起来，开业不到三个月，他一个月就能挣 2 000 元，2 000 元在 1998 年意味着什么呢？这相当于一个处级干部好几个月的工资，然而，就在生意日渐红火的时候，刘尊众却做出了一个让大家意想不到的决定。立刻把这个店关了。把店关了？这就意味着之前培养的老客户都有可能失去，这刘尊众葫芦里卖的到底是什么药啊？

他开了家 60 平方米的店，里边、洁白的床单、大门头、电话，设施一应俱全。店越开越大，生意也越做越红火，可是在刘尊众心里，还是会觉得自卑，正如父亲所说，修脚始终是一个不入流的行当。然而直到有一天，店里来了一位客人，正是这位客人的一句话让刘尊众找到了修脚的真正意义。他说你不知道，我的子女全在国外，他们每个月给我邮许多钱回来，但是我脚疼，他们不知道把我脚摸一下，我的儿子都不摸我的脚，小刘你摸我的脚。

从那以后，刘尊众的修脚店多了一项服务，那就是为行动不便的老人提供上门服务。很多人可以给父母买房子，可以给他们钱，可是，有几个人摸过自己父母的脚，我觉得，可以给自己的父母洗脚是一种天大的幸福。从白手起家到现在，如今的刘尊众已经身价上千万，在别人看来也算是成功的，可他说，十年来，他最开心的其实是父亲第一次到他的修脚店来修脚。他还有这样一句话，今天很残酷，明天很残酷，后天很美好，我们不能死在明天晚上。有可能坚持最后一下，我们就过去了，就会有一个非常美好的明天。

【案例分析】

创业精神是指在创业者的主观世界中那些具有开创性的思想、观念、个性、意志、作风和品质等。像刘尊众是依靠自身技能的创业典型。他有一根筋式的创业激情，就是无论多艰难和委屈，他都不服气，坚持，就成了。这种执拗是成功的必要精神条件。抱守古训、因循成法，在传统社会中往往受到称道，而在各种变革日新月异的现代社会，它已成为社会发展与进步的障碍。“创新是一个民族的灵魂”，也是现代人的灵魂。美国之所以能在向知识经济社会迈进的过程中发挥“领头羊”的作用，与美国文化中敢冒险、寻求变革和鼓励创新的精神有关，这种精神使美国人有一种超常规探索和迎接挑战的思维定势和构架。独立创业精神的培养既取决于客观条件的许可，更依赖于学生主观的努力。作为学校要营造有利于人才脱颖而出的氛围，积极培养学生的独立创业者精神，为培养现时代社会所需要的人才而努力。

课后思考

1. 创业者在初次创业会面临哪些困难，以及该怎么克服？
2. 你在初次创业时，会选择哪些类型的创业？为什么？

要点3　创业者的素质要求

在本要点中引入的创业案例，我们可以看到朱君锋身上的不安分精神——有强烈的创业意识，追求成就，有合作、创新的想法。那么，创业者究竟应具备哪些素质呢？

一、创业意识

创业者必须具备自我实现、追求成功的强烈的创业意识，它包括与创业有关的需要、动机、兴趣、理想、信念等因素。创业意识集中表现了创业素质中的社会性质，支配着创业者对创业活动的态度和行为，具有较强的选择性和能动性，是人们从事创业活动的强大内驱动力。强烈的创业意识，帮助创业者克服创业道路上的各种艰难险阻，将创业目标作为自己的人生奋斗目标。

二、创业关键的心理特质

创业就等于自己去面对变化莫测的市场以及随时出现的、需要迅速正确地解决问题和矛盾，这需要创业者具有非常强的心理特质。它主要包括风险特质、成就特质。其中，风险特质，指创业者拥有提前预见风险到来的敏锐性；对不确定性具有包容胸怀；可以积极、努力地寻找降低风险的办法。成就特质，指创业者胸怀大志、自然设定目标导向；能够脚踏实地、竭尽全力实现目标；乐此不疲、永远保持旺盛斗志。这些关键的心理特质反映了创业者的意志和情感，在很大程度上决定了创业者能否成功。

三、创业精神

创业精神是企业者在创业过程中具有开创性的思想、观念、个性、意志、作风和品质等重要行为特征的高度凝练，主要表现为创新、敢当风险、团结合作、坚持不懈等。

（1）创新是创业精神的灵魂。创新被认为是表现创业精神的具体化。创业者只有具有创新精神，才可能创建新颖独特的企业，并保持一个企业的特色和可持续发展。

（2）冒险是创业精神的天性。没有甘冒风险和承担风险的魄力，就不能成为创业者。创业者虽然生长环境、成长背景和创业机缘各不相同，但无一例外都是在诸多不确定性因素条件下敢为人先，勇于创新的实践者。

（3）合作是创业精神的精华。社会发展到今天，分工越来越细。没有谁能一个人完成所有创业需要完成的事情。真正的创业者善于合作，能将合作精神扩展到企业的每个员工。面临困境时，团队成员间能团结一心，奋力拼搏。

（4）执着是创业精神的本色。创业的过程必然伴随着各种艰辛和曲折，因此创业者必须坚持不懈，咬定青山不放松。创业实践表明，往往只有偏执者才能在创业中生存下来。

创业精神是创业的动力，也是创业的支柱。没有创业精神就不会有创业行动，也就无从谈起创业成功。因此，创业精神对创业至关重要。

案例

做“不安分”的自己

他是一个很不安分的人，在他很小的时候脑子里就埋下了这样的一个观念，他不要平淡的人生。他曾对自己说："我不能按部就班地按本来该怎样走的路一直走，我要挑战我自己"。他就是浙江工贸职业技术学院的毕业生朱君锋。

还没走进大学的时候朱君锋就渴望自己在大学里做些有意义的事，跟志同道合的人一起创业。进了大学后，跟很多刚进大学的新生一样，他尝试过很多能让自己锻炼的工作，比如节假日发传单，在酒店里做服务生。虽然这些都是小事，但是他觉得每个做大事的人都是靠一些别人以为微不足道的事件中历练自己，然后丰富自己的思想，行为是小事，能装自己脑子的东西都是有意义的事。知识不仅仅来自于课本，真正让自己历练的是社会。在大学里，很多同学好高骛远，觉得像发传单或者其他兼职工作很丢面子，不值得去做。但他说了一点：发传单确实是些小事，显示不出自己的"大材"，但是行动是最重要的，任何事情只要付诸行动，就等于成功了一半，这是一种态度问题。在创业的路上他失败过很多，尝试了即使是失败了，心里也不后悔。没有失败哪来成功。每次的失败都是一笔宝贵的人生财富，都可以让人少走很多人生弯路。

在步入大学校园后，朱君锋深刻感受到浙江工贸职业技术学院是一所创业型大学，学院浓厚的创业氛围为他的创业梦想插上了翅膀，浙江创意园、大学生科技创业园给了他创业的点子和灵感。他大学学的是广告设计与包装，认识了一批从事电子商务行业的人，并开始跟着别人学习研究电子商务，在这个过程中，他对电商行业特别有想法，特别喜欢捕捉新鲜事物。

2011 年朱君锋成立了温州宝唐贸易有限公司。该公司整合温州传统的制造业，针对不同的消费群体开创了多个品牌运营，目前旗下品牌有：猪九戒、模范先生、喂！小宝一系列品牌，在童鞋领域打造了"猪九戒"品牌，一个古怪又有丰富故事内容的名字，目前在市场上已经取得了很好的成绩，年销售额将达 1 000 万元。模范先生则是用于男士鞋服领域，朱君锋筹划了多个高端品牌，如：帛藤，运用于高端女鞋，在整合了温州比较大的几家女鞋厂代加工，今年下半年女鞋任务是 1 500 万元销售额。

2013 年 12 月，朱君锋带领自己的团队参加了浙江省首届青年网络创业大赛，经过一个多月真枪实弹比拼，在全省 700 多名创业青年中脱颖而出，摘得大赛桂冠。他的创业能力和成果也得到了有效的检验和肯定。大赛奖励了 15 万元的奖金及温州银行的 200 万元授信贷款，使他在创业项目上有了很好的突破及更大的合作平台。

电商发展到一定的阶段，产品的研发与自有工厂显得尤为重要，在 2015 年底与温州俊辰鞋业达成合体合作模式，网络营销团队也等同是工厂的，从而解决了工厂的电商短板，也解决了他们自身对研发上的不足，可以说合力才能吃到更大的蛋糕。有了工厂生产的自主把控，无论是对产品质量还是生产速度上都得到了提升。朱君锋认为每个创业者都是勇士，他一直喜欢用“勇士”来称呼创业的人，因为创业者有这个勇气迈出去，有这个勇气去面对人生的挫折，笑看人生的起起落落。不畏惧失败，敢于挑战，人生应该为自己的理想努力追逐。每个人都不能长生不老，所以在有限的人生里，要实现自己的人生价值，自然界创造树中之王——橄榄树需要一百年的时间，而洋葱经过短短9个星期就会枯老，他认为不能像洋葱式地生活，要做树中之王。每个人不是生来就能力超凡，要多去历练，能力的自身培养＋机遇＝成功！

讨论

1. 你认为作为创业者，朱君锋的身上表现出哪些素质？

2. 从朱君锋的故事里，你学习到了什么？

项目三 创业个性特征测试

一、在每题中选择1个最能够反映你个人观点的句子（A或B）。

1. [A] 工作一定要完成。
   [B] 我喜欢与优秀的朋友在一起，这样我能够获得他们对我的工作的见解和建议。
2. [A] 当我的责任增加时，我会感到更加快乐。
   [B] 我依靠运气把事情完成。
3. [A] 我决不做任何可能使自己受损失的事情。
   [B] 对于如何赚钱的理解是进入商业的第一步。
4. [A] 不管是多好的事情，如果这件事情的失败可能使我遭致嘲笑，我就不会冒险去做。
   [B] 除了工作之外，我还记挂别人的安康。
5. [A] 我会为自己开创的任何事业而努力。
   [B] 我只会做那些使我开心并有安全感的事。
6. [A] 如果我失败了，别人会嘲笑我。
   [B] 尽管我对自己很有信心，我也还是需要别人的建议。
7. [A] 在遇到困难时，我要去找到解决的方法。
   [B] 如果在新开创的事业中失败，我会继续目前的工作。
8. [A] 如果我觉得一个想法是好主意，我就会去实践这个想法。
   [B] 我能够比现在做得更好。
9. [A] 工作时，我会注意维系良好的人际关系。
   [B] 不管发生什么事，都是我从经历中学习的机会。
10. [A] 即使我的努力失败了，我也能从中学到东西。
    [B] 我喜欢舒适的生活。
11. [A] 我只会投资比赛或彩票，总有一天幸运会落在我头上的。

[B] 如果我在工作中失利，我会努力找出原因。

12. [A] 我会尊敬我的员工，并对他们一视同仁。

[B] 如果能有更好的工作，我就会离丌现在的工作。

13. [A] 在实施一个新的想法之前，我会慎重考虑。

[B] 如果我的叔叔去世，我将立刻奔赴出殡室即使这会导致公司订单延误好几天。

14. [A] 只有当我拥有资本时，我才能够发展一个事业。

[B] 我希望能够自己做出重要决定。

15. [A] 当别人的好意和信任被背叛时，我不会坐视不理。

[B] 如果事情没有按照我的想法发展，我会寻求其他的替代机会。

16. [A] 我可以犯错误。

[B] 我非常喜欢与朋友谈天。

17. [A] 我希望我的钱能够安全地存在银行里。

[B] 我完全信任我的工作，同时我也了解它的优劣。

18. [A] 我希望我能够拥有很多钱从而过上舒适的生活。

[B] 如果年长者建议我不要做某事，我将绝不会去做。

19. [A] 人们首先应该照顾好自己的亲人和朋友。

[B] 如果我能维持公司场地清洁，这将帮助提高产品的质量。

20. [A] 即便可能使自己受损害，我也不会做让别人不开心的事情。

[B] 钱是事业发展的必需品。

21. [A] 我希望我的事业能够很快发展起来，这样我就不会遇到经济紧张的困难。

[B] 我要清醒地认识到，不能因为不成功就去责备自己。

22. [A] 我应该能够独立地按照自己的想法去做事。

[B] 只有为自己的未来积累了一大笔钱后我才会幸福。

23. [A] 如果我失败了，那主要会是别人的错。

[B] 我只会做那些让我感觉舒服且令我满意的事情。

24. [A] 在开始一份工作之前，我会认真考虑它是否会对我的声誉有不利的影响。

[B] 我希望自己能和别人一样，也买得起昂贵的东西。

25. [A] 我希望我能够有舒适的房子住。

[B] 我会从失败中吸取教训。

26. [A] 在做任何工作之前，我都要考虑它的长期影响。
    [B] 我希望每件事情都能按照我的想法进行。
27. [A] 金钱能够带来舒适，所以我的主要目标在于赚钱。
    [B] 我喜欢在能够经常见到朋友们的地方工作。
28. [A] 我了解自己正在做的事，我不怕受到别人的批评。
    [B] 如果我失败了，我会觉得自己非常差劲。
29. [A] 我知道碰到困难是常有的事，我应该去做一些好的新工作。
    [B] 在开始新工作之前，我会采纳有经验的朋友们的建议。
30. [A] 我的所有经历都会激励我前进。
    [B] 我希望我能有很多钱。
31. [A] 我喜欢每天从容不迫，万事顺利，没有任何烦恼。
    [B] 不管遇到多大的障碍，我将努力达到目标。
32. [A] 我不喜欢别人无故干涉我做事。
    [B] 为了赚钱我可以做任何事情。

题号	A	B	题号	A	B	题号	A	B	题号	A	B
1			9			17			25		
2			10			18			26		
3			11			19			27		
4			12			20			28		
5			13			21			29		
6			14			22			30		
7			15			23			31		
8			16			24			32		

您的得分合计:【　　　】分

二、创业个性特征测试得分说明

题号	[A]	[B]	题号	[A]	[B]	题号	[A]	[B]	题号	[A]	[B]
1	1	2	9	1	2	17	0	2	25	1	2
2	2	1	10	2	1	18	1	0	26	1	1
3	0	1	11	0	2	19	0	2	27	1	1
4	0	1	12	1	1	20	1	1	28	2	0
5	2	1	13	2	0	21	1	0	29	0	1
6	0	2	14	1	1	22	1	1	30	2	1
7	2	0	15	1	1	23	0	2	31	1	2
8	1	2	16	2	1	24	1	1	32	1	0

不具有创业性	中立	一定创业性	极具创业性
0　18　25	26　36	37　47	48　50

三、将所有题目得分相加

1. 0～25　不具创业性
2. 26～36　中立
3. 37～47　具有一定的创业性
4. 48 以上　非常具备创业性

模块二
商业机会

【教学目标】

1. 通过学习，能够掌握创业机会的特征和创业机会的类别。
2. 通过学习，能够熟悉创业机会的来源与扑捉方法。
3. 通过学习，能够掌握创业机会的评估技巧。

“我想告诉大家，创业，做企业，其实很简单，有一个强烈的欲望。就是说：我想做什么事情，我想改变什么事情。你想清楚之后，你永远坚持这一点。”

——马云

项目一 创新思维

创业机会识别是创业过程第一步，学习寻找产生创业项目灵感的来源。能否把握创业机会是创业过程的第一个挑战，创业者要学会识别真正有价值的创业机会。如何选择创业项目是创业者面临的一个关键问题，要掌握选择创业项目的原则和思路。

当今社会竞争日益激烈，大学毕业生就业难已经成为不争的事实。据国家教育部统计，2013 年全国高校毕业生人数 699 万，2014 年全国高校毕业生人数 727 万，2015 年全国高校毕业生人数 749 万，而 2016 年全国高校毕业生人数达到 765 万，就业形势极为严峻。《周易・系辞下》有云："穷则变，变则通，通则久。"因此，许多大学生转变思想，选择创业，然而思路决定出路，要想成功创业首先要有创新思维。

要点1 创新思维是商业机会的重要来源

创新思维是创业的重要基石，也是创业机会的最重要来源。

创新思维就是指发散性思维，在遇到问题时，能够从多角度、多层次、多结构去思考，去寻求答案，突破常规思维的束缚，以超常规甚至反常规的方法、视角去思考问题，提出与众不同的解决方案，从而产生新颖的、独到的、有社会意义的思维成果。创新思维具有以下特点：

（1）新颖性。它贵在创新，或者在思路的选择上，或者在思考的技巧上，或者在思维的结论上，具有前无古人的独到之处，具有首创性。

（2）灵活性。它无现成的思维方法、程序可循，是发散性思维，人们可以自由地海阔天空发挥想象力。事实上，每个问题的解决方法都不是唯一的，创新思维就是从众多可能的方案中选择最佳答案。

（3）非逻辑性。创新思维往往是在超出逻辑思维，出人意料地违反常规的情况下出现，是非逻辑性的产物，不是能简单地按逻辑分析而想到。

（4）思维流畅性。创新思维往往是在表面上看来毫不相干的事物启发下，思路豁然开朗而获得的。例如：爱迪生在使用电话时，发现圆筒中有杂音，由此发明了留声机，因为实现了对声音的保存，于是又在照相机的基础上想到了发明电影机。

（5）综合性。创新是在前人的基础上进行的，必须综合利用他人的思维成果。从某种意义上说，综合就是创造。

案例

卖水的淘金者

亚墨尔是位 17 岁的毛头小子。在淘金大潮来临之前，他像祖辈们一样，兢兢业业地开垦着自己的田园，依靠地里的微薄收入维持生活。他的日子过得自然是紧凑而寒碜。

加州发现金矿的消息传来后，众人纷纷抢占这个千载难逢的发财机会，背井离乡地加入了淘金的大潮，亚墨尔也是其中之一。

几年过去了，虽然历经千辛万苦，但亚墨尔身材瘦小，在备受炎热干燥的天气和饥渴的折磨下与大部分淘金者一样一无所获。亚墨尔突然生出另一种心思来。他悄悄把远处的河水引入了近处的水池中，过滤之后分瓶装起，卖给那些淘金者们。

他的举动顿时引起了众人的嘲笑：“千里迢迢跑来加州为的是淘到一本万利的金子，这种蝇头小利的生意在哪儿不能干？”“年纪轻轻地不干点大事业，做这种小本买卖多没出息！”“放着现成的金子不淘，却把眼睛放在卖水上，这简直就是本末倒置嘛！”……

亚墨尔一句反驳的话都不说，只是一心一意地卖他的水。又过了几年，淘金热渐渐冷却了，绝大部分人都空手而归，有的甚至因长年过劳而客死他乡，只有亚墨尔靠卖水赚了大钱，开了公司，成了真正的“淘金者”。

此外，美国西部大淘金中，另外一位淘金者李维斯在看到淘金者衣服在高强度劳作中极易磨破，且附近又有废弃的帐篷时，想到了用帐篷材料做衣服的主意，于是他缝制了世界上第一条牛仔裤，他也真正淘到了“黄金”，成为举世闻名的“牛仔大王”。

【案例分析】

亚墨尔和李维斯的故事告诉我们，与其以自己的“短处”希望渺茫地与众人争抢一块大蛋糕，不如把心思放在他们需要却又遭冷落了的“刀叉”上。当按照常规思路无法解决问题的时候，我们须要换个角度思考问题，找寻新的解决途径。在创业过程中，这一点显得尤为重要。

要点2 创新思维的障碍

定势思维是创新思维产生最大的障碍。那么，人们为什么会存在定势思维呢？思，即思考；维，即维度，方向；所谓思维就是沿着一定的次序或者方向进行思考。人们遇到类似的问题或者表面上看起来相同的问题，不由自主地还是沿着上次思考的方向或次序去解决，这就形成了思维惯性。当多次以惯性思维来对待客观事物，就形成了非常固定的定势思维。

案 例

定势思维的危害

大山深处，住着一个孤独的人。他来到一个悬崖边，站在崖底，仰头望去，似乎崖顶上有一块肥沃的土地等待着他去开垦耕种。

他扒着岩石，费了好半天的力气终于爬到了崖顶。果然不出所料，这里的土地很肥沃，并且生长着许多果树。他把身上所携带的绳子系到崖顶的一棵树上，并带了些果子顺着绳索下了山崖。

第二天，他顺着绳索上了崖顶。

第三天，他顺着绳索又上了崖顶。

第四天，第五天……，第二年，第三年……他每天都沿着他原先系的那条绳索爬上爬下。然而，终于有一天他在爬到半崖的时候，那棵树因为承受不住断了，他从半崖掉下来，摔死了。

树会逐年衰老，崖顶并非只有那一棵树，为什么不换一棵呢？

定势思维主要来源有：①顺从权威型，权威说过了，书本上写明了，我们就坚信不疑，认为肯定是对的；②从众心理型，当大家都这样做了，那么这样做肯定有它的道理在，认为肯定是对的，盲目地顺应群体意识；③顺从经验型，过去是这样的，以前是对的，那么现在也还是这样，也肯定是对的；④情感偏好型，以自己的感情偏好来认定事物好坏对错，认为自己喜欢的就是对的，自己不喜欢的就是错的；⑤性格决定型，如：自卑型、偏执型、麻木型等。人的思维一旦进入定势，那么再聪明的人其智力也在常人之下，在商业上，就会处处被人占领先机，处于被动状态。

要点3　产生创新思维的方法

任何事情都有诀窍或窍门，在进行创新思维活动时，同样存在许多技巧和窍门。我们掌握好了有关创新思维的一般方法，那么在我们解决问题的时候，许多问题就会迎刃而解。心理学家阿曼贝尔认为，创新能力是个人的认识能力、工作态度和个性特征的综合表现，是在解决问题时打破旧规则、旧方法的束缚，以及寻求新规则的能力。创新思维是创新力的核心，它的产生是人脑的左脑和右脑的同时作用和默契配合的结果。创新思维方法有许多，包括发散性思维、质疑思维、比较思维、互动思维、直觉思维、灵感思维等，这里仅介绍前面 4 种。

一、发散性思维

发散性思维是指沿着不同方向、不同角度思考问题，从多方面寻找解决问题答案的思维方式。这种思维方式的最根本的特点是多方面、多思路地思考问题，而不是局限于一种思路、一个角度、一种方法。对于发散性思维来说，当一种方法、一个方面不能解决问题时，它会主动地否定，而向另一方法、另一方面跨越。它不满足于已有的思维成果，力图向新的方法、领域探索。

在日常生活中，有的人在思维过程中跨度很大，能够进行广泛的联想，但是有些人缺少了一定的思维广度，只能在一个问题的圈子中绕来绕去，思路有很大的局限性。从进行创新活动的角度来说，一定要具有足够的思维广度，把思维广度扩展一下，便会产生许多奇妙的创意，也就是需要发散性思维。比如发明大王爱迪生在使用电话时，发现圆筒中有杂音，由此联想到发明留声机，因为实现了对声音的保存，于是在照相机的基础上联想到发明电影机。从中可见，发散性思维体现了思维的开放性、创新性，是事物普遍联系在头脑中的反映。发散性思维有多向思维和侧向思维两种。

二、质疑思维

质疑是人类思维的精髓，善于质疑就是凡事问几个为什么。用怀疑和批判的眼光看待一切事物。既敢于肯定，更敢于否定。对每一种事物都提出疑问，是许多新事物新观念产生的开端，也是创新思维的最基本思维方式之一。

每一个正常的人都具有思考能力，这种能力在人与人之间是没有差别的。但是人们思维能力运用方法上，却不尽相同。有些人没有正确地运用自己的思维能力，方法错了，思维的路径就错了，在错误的道路上越努力，离开真理就越远。为了获得真理，方法是十分重要的，正确的方法是要充分发挥质疑思维，审查一下我们头脑中已经拥有的知识和观念是否正确。首先，我们头脑中的各种理论知识，绝大部分不是通过我们自己独立思考得来的，它们主要来自于老师和权威；老师和权威的知识又是通过他们的老师和权威得来的，代代相传，这中间也许存在了歪曲，掺入了谬误。其次，那些来自我们自己经验的东西同样是靠不住的。有些甚至能感觉到的、“眼睁睁看着”的事实，也需要大打折扣地接受。例如：两条等长的直线，一条垂直，一条水平，看上去垂直线要比水平线长，这是视觉造成的偏差。

三、比较思维

比较思维根据角度不同，分为纵向思维和横向思维两种不同的思维活动。纵向思维侧重于从时间和历史的角度思维，横向思维则截取历史的某一横断面展开比较。

纵向思维具有历时性、同一性和预测性的特点，是从事物自身的过去、现在和将来的分析比较中，发现事物在不同时期的特点及前后联系，从而把握事物及其本质的思维过程。首先历时性揭示了事物的发展过程，对于那些周期性重复的事物，历时性考察尤为重要。同一性是指历时性所考察的事物必须是同一件事物，具有自身的稳定性和可比性，纵向思维是由过去到现在，再由现在推断将来，因此它具有预测性。

横向思维具有同时性、横断性和开放性的特点。所谓同时性就是把时间范围确定下来，然后研究在这同时过程中的各方面的相互关系。只有从时间上做了限定之后，才可以展开横向的比较和研究。横断性的特点就是把研究的客体放到事物的相互联系中间去，放到“关系”中进行考察。横断性可以充分展开事物各方面的相互关系，从而能揭示出纵向思维过程中不易觉察的问题。横向思维的开放性就是要求把自己置于越来越多的事物、关系的比较中来思考问题，参与比较的关系、方面越多，发现自己的优点和缺点也就越充分。

四、互动思维

互动思维又叫头脑风暴法，是奥斯本在20世纪30年代末创新的一种激发集体智慧产生和提出创新设想的方法，他的原意为用脑力去冲击某一问题。头脑风暴法是利用集体的智慧，通过互相交流、启发和激励而产生新思想的方法。这种方法的特点是：克服心理障碍，思维自由奔放，打破常规，激发创新性思维活动，获得新观念，并创新性地解决问题。头脑风暴法是世界范围内应用最为广泛、最普及的集体创新方法，在技术革新、管理革新、社会问题处理、预测、规划等许多领域都显示了它的威力。

案　例

头脑风暴法——直升飞机扇雪

有一年，美国北部下大雪，积雪压断了高压电线，造成巨大损失。为此美国通用电力公司召开会议，以期通过集体智慧找出解决方案。参加会议的都是不同专业的技术人员，在宣布会议的原则和目的后，大家便七嘴八舌地议论开来。有人提议用线路加温器消融积雪，有人则提议安装震荡器以抖掉积雪，有人提议设计一种专用的电线清雪机清楚积雪，也有人幽默地提出："能不能带上几把大扫帚，乘坐直升飞机去清扫电线上的积雪？"各种各样的方案提了出来，对于那种"坐直升飞机扫雪"的设想，大家心里尽管觉得滑稽可笑，但在会上也无人提出批评。相反，有一工程师在百思不得其解时，听到用飞机扫雪的想法以后，大脑突然撞击出思想的火花，一种简单可行且高效率的清雪方法冒了出来。他想，每当大雪过后，出动直升飞机沿积雪严重的电线飞行，依靠高速旋转的螺旋桨即可将电线上的积雪迅速扇落。他马上提出用"直升飞机扇雪"的新设想，顿时又引起其他与会者的联想，有关用直升飞机扇雪的主意一下子又多了七八条。不到一小时，与会的10名技术人员共提供出90多条新设想。

会后，公司组织专家对设想进行分类论证。专家们认为设计专用清雪机，采用电热或电磁震荡等方法清除电线上的积雪在技术上虽然可行，但研制费用大，周期长，一时难以见效。那种因"坐飞机扫雪"激发出来的几种设想，倒是一种大胆的新方案。如果可行，将是一种既简单又高效的好办法。经过现场试验，发现用直升飞机扇雪真能奏效，一个久悬未决的难题，终于在思想碰撞中的到了巧妙的解决。

【延伸阅读】

奥斯本检核表法和和田十二法

奥斯本检核表法是针对某种特定要求制定的检核表，主要用于新产品的研制开发。奥斯本检核表法是指以该技法的发明者奥斯本命名、引导主体在创造过程中对照9个方面的问题进行思考，以便启迪思路，开拓思维想象的空间，促进人们产生新设想、新方案的方法，该9个方面是：有无其他用途、能否借用、能否改变、能否扩大、能否缩小、能否代用、能否重新调整、能否颠倒、能否组合。

奥斯本检核表法是一种产生创意的方法。在众多的创造技法中，这种方法是一种效果比较理想的技法。由于它突出的效果，被誉为创造之母。人们运用这种方法，产生了很多杰出的创意，以及大量的发明创造。

和田十二法，又叫“和田创新法则”（和田创新十二法），是我国学者许立言、张福奎在奥斯本检核表法的基础上，借用其基本原理，加以创造而提出的一种思维技法。它既是对奥斯本检核表法的一种继承，又是一种大胆的创新。比如，其中的“联一联”“定一定”，等等，就是一种新发展。同时，这些技法更通俗易懂，简便易行，便于推广。下面列出和田十二法的具体法则。

（1）加一加：加高、加厚、加多、组合等。

（2）减一减：减轻、减少、省略等。

（3）扩一扩：放大、扩大、提高功效等。

（4）变一变：变形状、颜色、气味、音响、次序等。

（5）改一改：改缺点、改不便、不足之处。

（6）缩一缩：压缩、缩小、微型化。

（7）联一联：原因和结果有何联系，把某些东西联系起来。

（8）学一学：模仿形状、结构、方法，学习先进。

（9）代一代：用别的材料代替，用别的方法代替。

（10）搬一搬：移作他用。

（11）反一反：能否颠倒一下。

（12）定一定：定个界限、标准，能提高工作效率。

如果按这 12 个“一”的顺序进行核对和思考，就能从中得到启发，诱发人们的创造性设想。所以，和田十二法、奥斯本检核表法，都是一种打开人们创造思路，从而获得创造性设想的“思路提示法”。

例如，澳大利亚曾发生过这样一件事，在收获季节里，有人发现一片甘蔗田里的甘蔗产量提高了 50%。这是由于甘蔗栽种前一个月，有一些水泥洒落在这块田地里。科学家们分析后认为，是水泥中的硅酸钙改良了土壤的酸性，从而导致甘蔗的增产。这种将结果与原因联系起来的分析方法经常能使我们发现一些新的现象与原理，从而引出发明。由于硅酸钙可以改良土壤的酸性，于是人们研制出了改良酸性土壤的“水泥肥料”。这就是运用了“联一联”的具体案例。

项目二 创业机会的特征与来源

越来越多的年轻人拥有创业的热情，但是创业并非如想象的那么简单。创业也并不是只要有着一腔热血和一份冲劲就可以成功的。选择自己创业，前期一定要慎重考虑，再三思考才下决定。创业机会的识别和挖掘是创业成功的第一步，选择好的创业项目，就能迈出创业成功的第一步，如果创业项目选择不当，可能从一开始就难逃失败的命运。

案例

看错了市场万元商品成“鸡肋”

王可，市场营销专业大二学生，家庭经商，从小耳濡目染，上大学后学的又是市场营销专业，所以一直有创业的冲动。

去年，找到了一位同样有创业激情的合伙人，两人认为做印度熏香最适合，投资少赚钱快。而且在校大学生就是一个很好的目标消费群体。在校园里试销了几次，结果来咨询的人很多。于是信心很足，很快租了房子，进来了价值上万元的货。

当他们真正去推销时，才发现原以为宁波有10多万在校大学生，他们大多会喜欢这种香料，特别是女生，至少有一半人会很感兴趣。即使他们自己不喜欢，买去送人也很合适。

事实上，这种香味并不是人人都喜欢。在一个寝室里，如果有一个人使用，别的室友不喜欢，那这个人一般就不好意思再用了。所以，每次都是来看的人多，表示这个东西不错的人多，就是极少有人花钱来买。

现在，积压商品成了“鸡肋”。王可每天看到这些东西，就感到头痛。虽然损失了8 000多元，还在承受能力之内，但第一次雄心勃勃的创业就不顺利，心里还是很难受。

【案例分析】

看人游泳和自己游泳完全是两个概念。许多创业者往往容易以自己比较狭隘的经验去判断市场的脉搏，凭着一腔创业热血，盲目选择创业项目。建议创业者在行动前仔细分析创业项目，认真做好市场调研，并且多接触不同种类的社会人群，了解市场，避免脱离实际，选错了投资项目。那么，什么是创业机会呢？

要点1 创业机会

创业机会也称商业机会或者市场机会。在了解创业机会之前，我们首先来看一下什么是机会。机会就是能够促进事物发展，并取得成功的有利条件；或是实现某种目的的可行突破口、切入点等。机会是一个切入点，也是一个过程，是一个从开始时未成形但随着事物的发展变得成熟的过程。

由此，我们可以推测出，所谓创业机会其实是帮助解决一个尚未被满足的有效需求市场的切入点。创业导师蒂蒙斯认为创业机会其特征是具有吸引力、持久性和适时性，并且伴随着可以为购买者或者使用者创造或增加使用价值的产品或服务。因此，创业机会可以完整定义为：能够帮助客户解决问题或创造价值与服务，满足市场有效需求，并且具有市场吸引力和持久运营能力的一个适时商业活动切入点。创业机会的发现、分析、选择、利用等是创业研究的中心问题之一。

创业机会是创业活动的根源，机会无时不在，无处不在，但真正有商业价值的好创意、大商机却需要有心人的精心挖掘与培育。创业机会的最初状态是创业者发现未被满足的市场需求或未得到充分利用的资源，这个过程就需要创业者敏锐的洞察力。接着创业者需要将创业机会结合实际情况形成初步商业创意，然后要进行深入的市场调研，了解未被满足的市场需求容量大小或未充分利用资源的决定性作用大小，拟定一个完整的创业计划。该创业计划不仅包括产品的运营、财务的运作、股权的分配等，还要考虑创业的风险及其应对策略。这就形成一个成熟的创业机会，最后就是在创业计划的基础上进行正式的创业活动。创业者在进行市场调研、拟定计划或者企业运营过程中，又会对创业机会不断地反思和完善，使创业机会更加成熟。从商业机会的发掘、开发，再到新创企业建立的全过程如图 2-1 所示。

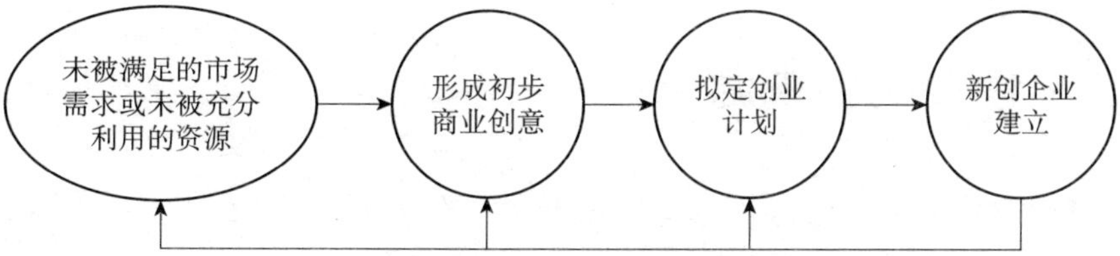

图 2-1 从创业机会到新创企业的循环开发过程

据国外不完全统计，在创业失败的案例中，有 60% 的人觉得是“创业项目不对头”或“创业项目选择失误”；而在成功创业人群中，70% 的人都认为是“良好的创业项目成就事业”。国内学者杨尚东认为“决定创业成与败的首要因素是创业项目，其次是商业模式，再次是创业团队，最后是创业资金”。蒂蒙斯提出创业模型认为“创业机会、创业资源和创业团队是创业过程中最重要的三大因素。前期时创业机会的发掘与选择则最为关键”。

要点2　创业机会的特征

一个好的创业机会必须是能够实行和实现价值的商业机会，一般说来，应具备以下特征。

（1）真实的市场需求。即那些具有购买力和购买欲望的消费者有未被满足的需求。

（2）能够收回的投资。即在承担风险和投入资源之后，可以带来回报和收益。

（3）具有竞争力。即消费者认为购买你的产品或服务比购买其他产品或服务能够获得更多的价值。

（4）实现目标。即满足那些具有冒险精神的人和组织的愿望。

（5）有效的资源和技能。即不超出创业者所能具备的资源、能力、法律等必备条件范围。

蒂蒙斯认为，好的创业机会具有以下 4 个特征：①有吸引力，能吸引客户；②能在商业环境中行的通；③必须在机会窗口存在期间实施；④必须有必要的资源（人、财、物、信息、时间）和技能。

为什么有的人总能先知先觉，发现好的创业机会呢？这就需要对创业机会深入研究，了解创业机会究竟存在于哪些方面。

要点3　创业机会来源

有的人将创业机会的产生归因为上帝的垂爱，也就是“灵光一闪，计上心头”。比如亚墨尔在淘金中发现了卖水的商机，别人挖金矿都没有他卖水赚得多。不过创业专家认为，如果没有平时的用心耕耘，机会也不会如此凑巧。无数人看到苹果落地，却只有牛顿能发现并提出地心引力学说。有的人将创业机会的产生归功于新技术的实现。比如比尔·盖茨因为自己的计算机编程技术创立了微软公司，一度成为世界首富。不过细想之下，发现似乎大部分的新技术发明者都只是成为了技术骨干，而不是成为企业家。

目前，国内外学者对创业机会来源众说纷纭，各研究者从不同的研究视角提出了不同的观点。比较著名的有管理学大师德鲁克（Druker）提出的“创新机遇七大来源：①出乎意料的情况；②不一致；③以程序需要为基础的创新；④产业机构和市场结构的改变；⑤人口的变化；⑥认知、情绪和意义的改变；⑦科学及非科学的新知识。”蒂蒙斯（Timmons）认为创业机会主要来自改变、混乱或是不连续的状况，主要来源也有 7 个，分别为：①法规的改变；②技术的快速变革；③价值链重组；④技术创新；⑤现有管理者或投资者管理不善；⑥战略型企业家；⑦市场领导者短视，忽视下一波客户需要。

仔细推敲几位学者的思想发现创业机会来源其实界线并不分明，彼此之间有相当多的重叠部分，有的甚至是同样事物不同的观察角度而已。

总结前人的研究，大致可将创业机会来源分为 4 类：第一类是把握趋势的变化，包括政策变化、社会人口变化、自然环境变化、民众焦点变化、产业结构变化等；第二类是捕捉差异市场机会，包括改良现有产品、满足消费者差异需求等；第三类是利用新知识新技术的更替；第四类是解决未满足的需求。

一、把握趋势变化

趋势变化包括国家政策、社会人口、民众焦点、自然环境、市场环境、产业结构，等等。任何一项外部因素的变化，都会对现存成熟的社会供需体系产生影响，需要重新适应这种变化，在这个适应的过程中，就是创业机会的重要来源时机。

1. 政策变化

近两年国内雾霾严重，百姓苦不堪言，为此中央政府下决心改变能源结构、治理雾霾，中央各部门和各地政府都出台了一系列政策文件，如环境保护部发出《关于加强机动车污染防治工作推进 PM2.5 治理进程的指导意见》；财政部出台《私人购买新能源汽车试点财政补助资金管理暂行办法》；北京市公布了《北京市大气污染防治条例》等等。雾霾的出现，为防治雾霾开辟了空白市场，而治理雾霾政策出台则为生产检测、治理雾霾的产品或服务的企业奠定了稳定的市场基础，也为许多环保设备公司提供了生机。如：国内空气质量检测设备生产龙头企业先河环保公司，在相关政策出台后一举拿下广东、山东和河北三地政府合同，总金额超过 1 亿元。此外，受雾霾刺激，不少企业的空气净化器都卖到“断货”，甚至一些不知名的国外企业都纷纷进军中国市场。淘宝上数据显示，空气净化器销量同比往年增长 300%，一款总价近 4 000 元的飞利浦空气净化器，月销售量竟然达到 1 100 多件。

再比如这几年民众比较突出的“高房价”问题。房地产业其实也是深受国家政策因素影响的。

2. 社会人口变化

我国的人口数量因受国家政策影响，并非呈自然平缓增长状态，而是呈特殊的“纺锤型”分布，即：两头小（老龄人口和幼儿人口少），中间大（中青年人口多）。随着时间的推移，中间部分的中年人口逐渐开始步入老年状态，如图 2-2 所示。浙江省 2010 年第 6 次人口普查人口金字塔如图 2-3 所示。

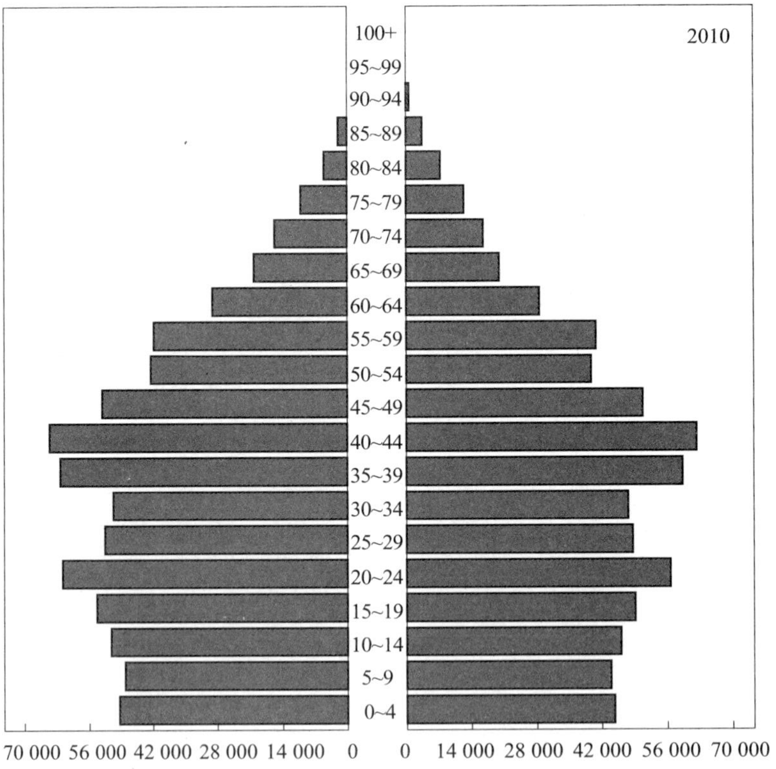

图 2-2　全国 2010 年第 6 次人口普查人口金字塔

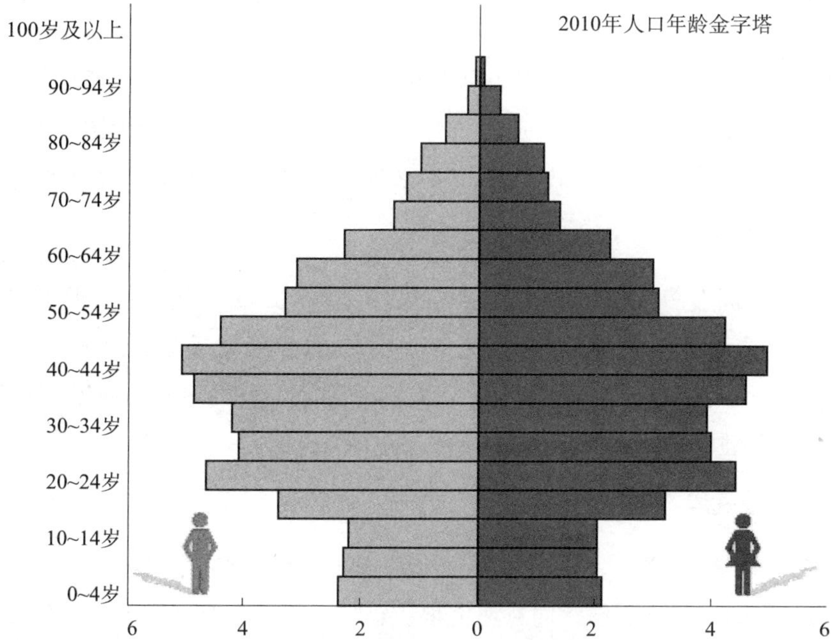

图 2-3　浙江省 2010 年第 6 次人口普查人口金字塔

我国从 1999 年正式进入老龄化社会，到 2010 年，60 岁以上的老年人达 1.78 亿，占总人口的 13.26%，老龄化问题尚不突出。但是，2011 年以后的 30 年里，人口老龄化将呈现加速发展态势，2040 年 60 岁及以上人口占比将达 28% 左右，我国将全面步入老龄化社会。到 2050 年，60 岁及以上老人占比将超过 30%，社会进入深度老龄化阶段。

老龄化程度深入使养老问题上升为国内头等大事，市场对老年人医药需求、生活服务需求、精神娱乐需求、丧葬需求都会急剧增大，所以 30 年内老年市场将成为我国的一个朝阳行业。这里蕴含着众多的创业机会。

人口金字塔呈“纺锥型”分布，除了带来老年市场以外，也意味着社会的幼儿人口比例较低，存在大量的“2-2-1-1-1”家庭。许多儿童享受着爷爷奶奶、外公外婆、爸爸妈妈 6 个人的关爱，集万千宠爱于一身，出生时就承接着上一辈 6 个人的劳动财富，加上中国人“再苦不能苦孩子”的思想，使幼儿群体有巨大的购买力。只要认定对孩子有一丝一毫的好处，就不怕贵、不怕麻烦。这样，促使幼儿市场快速发展，形成一个巨大的利益蛋糕。比如，深受幼儿喜欢的国产动画片《喜羊羊与灰太狼》从 2005 年进入市场，到 2010 年短短 5 年间，其商业价值就超过 10 亿元，创造了一个财富神话。

3. 自然环境变化

自然环境相对比较稳定，以此带来的商业机会比较少，但是因自然环境而产生的创业机会往往容易得到民众和政策的支持，其成功率比较高，比较典型的有防风固沙的植被种植项目、空气污染颗粒物检测项目等。这里主要提一个自然环境短时间内剧变的情况，如汶川大地震。

4. 民众焦点变化

据最新统计数据显示，我国中产阶层人口达1.09亿，美国现有中产阶层人口只有0.9亿，我国中产阶层人口绝对数位居世界首位，人们的小康生活已经建成，人们手头宽裕了，生活质量提升了，平均的寿命提高了。人们对健康美好的追求与对财富的保值增值的需求，给创业者在健康、理财领域提供广阔的空间与机遇。

5. 产业结构变化

产业结构一般可持续多年，在一定时间内从表面上看非常非常稳定。实际上，产业结构在受到一点点冲击时，就会瓦解，而且速度很快。当原来的产业结构迅速瓦解时，也是创业机会兴起的一个重要时机。国家这几年对节能减排力度非常大，对一些耗能大，高投入低产出的企业进行淘汰整顿。如淘汰了对自然环境的破坏作用大的各类小煤矿和小型煤火发电机组，这就使风能发电和光伏发电成为一个不错的创业机会。另外，随着国家海洋经济概念的提出，使海水养殖及产品深加工和海洋渔业资源的开发等也都提供了大量的创业机会。

【延伸阅读】

产业结构调整指导目录（摘选）

根据2013年2月16日国家发展改革委第21号令公布的《国家发展改革委关于修改〈产业结构调整指导目录〉有关条款的的决定》修正）

第一类　鼓励类

一、农林业

1. 中低产田综合治理与稳产高产基本农田建设

2. 农产品基地建设

3. 蔬菜、瓜果、花卉设施栽培（含无土栽培）先进技术开发与应用

4. 优质、高产、高效标准化栽培技术开发与应用

5. 畜禽标准化规模养殖技术开发与应用

6. 重大病虫害及动物疫病防治

7. 农作物、家畜、家禽及水生动植物、野生动植物遗传工程及基因库建设

8. 动植物（含野生）优良品种选育、繁育、保种和开发；生物育种；种子生产、加工、贮藏及鉴定

9. 种（苗）脱毒技术开发与应用

10. 旱作节水农业、保护性耕作、生态农业建设、耕地质量建设及新开耕地快速培肥技术开发与应用

11. 生态种（养）技术开发与应用

12. 农用薄膜无污染降解技术及农田土壤重金属降解技术开发与应用

13. 绿色无公害饲料及添加剂开发

14. 内陆流域性大湖资源增殖保护工程

15. 远洋渔业、渔政渔港工程

16. 牛羊胚胎（体内）及精液工厂化生产

17. 农业生物技术开发与应用

18. 耕地保养管理与土、肥、水速测技术开发与应用

19. 农、林作物和渔业种质资源保护地、保护区建设；动植物种质资源收集、保存、鉴定、开发与应用

20. 农作物秸秆还田与综合利用（青贮饲料，秸秆氨化养牛、还田，秸秆沼气及热解、气化，培育食用菌，固化成型燃料，秸秆人造板，秸秆纤维素燃料乙醇、非粮饲料资源开发利用等）

21. 农村可再生资源综合利用开发工程（沼气工程、“三沼”综合利用、沼气灌装提纯等）

22. 平垸行洪退田还湖恢复工程

23. 食（药）用菌菌种培育

24. 草原、森林灾害综合治理工程

二、捕捉差异市场机会

差异化（differentiation）是指企业在顾客广泛重视的某些方面，力求在本产业中独树一帜。差异化的市场机会主要有有形和无形两个方面。其中，有形的方面通常是围绕着产品的内容来进行的，如产品的设计与生产、交货系统及其促销活动等一系列内容。

获得差异化的途径有很多，关键是这种差异点必须是能可持续保持，而不是临时粉饰出来的（substantive)，同时市场上认为差异点所提供的价值高于同类竞争者产品的价值，对消费者而言，差异化下的价值观有以下两方面：①以更低的购买成本获得既定功能的产品；②同样价格更超值。

获得差异化的途径主要有三个：① 功能创新。这种创新具有能满足从未出现过的需求的能力。比如：Edwin Land 发明了一种即时摄影成像技术，它满足了人们在拍照后能马上看到相片的需求，于是出现了宝丽来（polaroid)。功能创新所获得竞争上的差异化优势，有赖于通过专利权或商业秘密这种保护得以维持，否则很快会被复制，市场产品由差异化走向非差异化。宝丽来公司就是不断发明、发展即时成相技术，不断申请专利保护，以求维持合法技术垄断，保持差异化优势。②改善性能。同功能创新相比，第二条途径是产品性能或服务的改良。③度身订造。这是产品走向差异化的最高形式。产品生产针对每个群体甚至每个人的不同需求，而量体裁衣、度身订造，顾客的需求得到了最大满足。

三、利用新知识的更替

新知识和新技术是创建新企业的“金钥匙”。突破性的新知识或新技术往往可以得到更多关注，获得财富，也是人们通常所指的创新。以创新知识带动的创业机会数不胜数，以 IT 业的兴起为例，美国硅谷刮起一阵高科技创业浪潮席卷全球，诞生了微软、戴尔、雅虎等世界 500 强巨头，让全世界人民清楚地看到创新知识对于创业活动的推动作用。以创新知识为基础的革新不仅给企业带来了巨大的利润，同时也带来了响亮的名声，成为企业精神的巨大载体。现在，3D 打印机技术的突破性发展，也将带来巨大的创业机会。

案例

3D 打印机技术的发展

3D 打印机又称三维打印机，源自 100 多年前美国研究的照相雕塑和地貌成形技术，20 世纪 80 年代被在美国得克萨斯州大学奥斯汀分校的卡尔 Deckard 博士开发出来并获得专利，其学名为“快速成型”。它是一种累积制造技术，通过打印一层层的黏合材料来制造三维的物体。现阶段三维打印机被用来制造产品。2003 年以来 3D 打印机技术得到长足的进步，价格下降并被广泛应用。任何复杂形状的设计均可以通过 3D 打印机来实现。它无须机械加工或模具，就能直接从计算机图形数据中生成任何形状的物体，从而极大地缩短了产品的生产周期，提高了生产率。目前，已广泛应用于珠宝设计、鞋类设计、工业设计、建筑、工程施工（AEC）、汽车、航空航天、医疗、教育、地理信息系统等，市场潜力巨大，势必成为未来制造业的众多突破技术之一。美国牙箍的制造商 Align Technology 公司，仅仅是使用 3D 打印机打印牙齿矫正工具，营业额就接近 5 亿美元。

四、解决未满足的需求

其实，很多绝妙的创业机会与新产品构想，都是来自于客户苦恼的事情或者抱怨的事情。因为是苦恼、是抱怨，人们总是迫切希望能够得到解决，并且愿意付出相应的代价。因此如果在客户可接受的代价范围内，能够提供有效解决办法，那么这就是一个创业机会。

案例

“瘦肉精”检测纸

猪肉是生活中必不可少的一样东西，可是“瘦肉精”的滥用让客户在一段时间里对猪肉颇为忌惮。人们大多数的时候是把希望更多地寄予检测部门的严格监管和管理上面。但是有的时候还是感觉不放心，不知道自己买的猪肉里面是不是有了很多的“瘦肉精”。面对客户的这个需求，于是就有了这么一个创意产品——“瘦肉精”检测纸。我们只需要把猪肉的尿液或者猪肉经过水煮之后的汤汁滴在纸上面，就能够检测出猪肉中有没有“瘦肉精”，而且这种测试纸对其他的药物没有交叉反应。这样的话客户去买的时候带上两张这种测试纸，就能够很方便地知道自己买的猪肉有没有瘦肉精了。只是这么简单的一个创意商品，就卖出了几百万件之多。

【案例分析】

该案例中创业者就是看到了大家检测“瘦肉精”的需求，仔细研究并有效解决了这个问题，实现创业。所以，不要随意抱怨世界，你的抱怨就代表着市场的抱怨，生活中一些小小的抱怨或许背后就隐藏着巨大的商机。因此，停下你匆忙的脚步，仔细观察我们的社会，看看人们都面临什么问题，我们能帮他们做什么？也许，众里寻他千百度，蓦然回首，那机会却在，日常生活处。

案 例

输液器指环

有一个小学四年级的学生，一次他生病了去医院输液。在输液过程中，因为等得太无聊，忍不住想从书包里掏书本出来看，谁知身子一动，输液针头就不小心滑了出来，妈妈赶紧叫来护士帮他重新扎针，还用胶带把手整个绑在一块小木板上。多挨了一针不说，还挨了批评。小孩子觉得心里挺不是滋味。事实上，我们很多人输液时也遇到了和他一样的麻烦。在输液的时候，护士在手掌下缠上小木板，并用胶布缠了一圈又一圈，缠得太松会使针头容易脱落，缠得太紧还可能让血流不畅。

小孩输完液回到家的时候，电视正在播放电影《指环王》，这个小孩看了又看妈妈手上带的戒指，就想到手指上戴着戒指，一点儿不影响手指活动，为什么不能把这个原理搬到输液上来呢？于是他找来一根较细的 PVC 管，切成一些指环大小的圆圈，然后用强力胶水固定在输液器下方的粗导管和细导管的连接器上，做成了一个指环式固定器，在静脉针固定好后，再将指环套在指头上。这样，输液器的细软管就不会移位，针头自然更加稳固，不会脱落了。人的手指有粗有细的，他又尝试着将指环剪断，让它有了一个口，这下再试验，不管是大人还是小孩，都能轻松地戴在任何一根手指上，同时塑料的材质不会对手指产生任何挤压。戴上它，就不需要小心翼翼地把手放平，一动不动了。手指还可以弯曲，要看看书，发发短信，拿个水杯，甚至是上厕所，都很方便。他的父亲将这一发明申请了专利，并且转让给了生产输液器的厂家，因为专利就获得了不少的报酬。

【案例分析】

该案例中的小朋友并没有因为在输液中重新扎针而抱怨，而是针对这个问题仔细观察研究，并通过努力解决了这个问题，实现了成功创业。

项目三 创业机会的评估

成功与失败之间，除了不可控制的运气因素之外，显然有许多创业机会在开始的时候，就已经注定了失败的命运。创业本身是一种做中学的高风险行为，失败也是为下一次创业成功奠定基石，不过这些先天体质不良，市场进入时机不对，或者具有致命瑕疵的创业构想，如果创业者能先以比较客观的方式进行评估，那么许多悲剧结局就不会一再发生，创业成功的概率也可以因此而大幅提升。所以，我们需要针对创业机会提出一套评估准则，为创业者提供评估是否投入创业的决策参考。

要点1 创业机会与市场因素

一、市场定位

一个好的创业机会，不仅要有市场，而且还要市场定位准确，专注于满足客户需求，同时能够为客户带来增值效果。因此，评估创业机会的时候，可由市场定位是否明确，顾客需求分析是否清晰，顾客接触通道是否流畅，产品线是否持续衍生等，来判断创业机会可能创造的市场价值。创业机会能给客户带来越高的价值，则创业成功的机会也会越高。 创业者在选择项目前需要对特定消费群体进行市场调研，知其所好，投其所好，乘“需”而入，推出新产品或服务项目，能领先一步占领市场。

二、市场结构

市场结构主义反映了企业在市场竞争中的地位和企业市场势力的强弱。因此，针对创业机会的市场结构进行分析，包括进入障碍、供货商、顾客经销商的谈判力量、替代性竞争产品的威胁，以及市场内部竞争的激烈程度，对于创业者来说具有重要意义。通过市场结构分析可以得知新企业未来在市场中的地位，以及可能遭遇竞争对手反击程度。如分众传媒创始人江南春就说过，世界上有 4 种壁垒：第一是制度壁垒；第二是资金壁垒；第三是技术壁垒；第四是稀缺性资源的占有。

三、市场规模

市场规模的大小与成长速度直接决定着新企业的利润空间，是影响新企业成败的重要因素。如果新创企业进入的是市场规模大，且还在发展中的市场，那么新企业进入障碍相对会较低，市场竞争激烈程度也会相应下降，不需要占有太大的市场份额，就可以拥有较大的利润空间，也就有较好的生存和发展空间。如果进入的是一个十分成熟的市场，那么纵然市场规模很大，由于已经不再成长，利润空间也必然很小，新企业的生存空间也会比较小。如现在社会的计算机硬件业，虽然市场规模很大，但是已经非常成熟，利润空间极小，像联想等知名企业的利润率都非常低，新企业一旦进入，将直接面对生存空间问题。市场规模与“机会窗口”密切相关。

四、市场份额

市场份额即创业机会预期可取得的市场占有率目标，可显示新企业未来的市场竞争力。如果新企业未来能够占有 20% 的市场份额，表明该企业的潜力十分巨大，有机会成为市场的领导者。而对于一个只占有不到 5% 市场份额的企业是很难吸引到投资者进入的，因为这样的企业其未来创造的价值可能比其账面价值高不了多少。

五、成本结构

产品成本控制关系到新企业的发展空间大小和行业竞争力的强弱。若新企业产品成本低，则竞争力强，企业有较好的发展空间。但由于龙头企业生产规模大、管理模式成熟、人员技术熟练，一般能较好地控制生产成本，而新企业若要降低成本结构，最好通过改善生产技术或者降低原料成本等。

要点2 创业机会与经济因素

一、税后净利

考虑到新创企业可能会面临各项风险，合理的投资回报率应该保持在25%以上，以提高抗风险能力。因此，创业机会预期税后净利润至少需要保持在15%以上，才是一个具有吸引力的创业机会；若税后净利润在5%以下，那么这就不是一个值得考虑的创业机会。

二、达到盈亏平衡点所需时间

合理的盈亏平衡时间应该在两年以内达成，但如果3年还达不到，则不是一个值得投入的创业机会。不过有的创业机会确实需要经过较长的耕耘时间，并通过这些前期投入，创造进入障碍，以此保证后期的持续获利。在这种情况下，可以将前期投入视为一种投资，而较长的盈亏平衡时间，就可以获得容忍。例如：新轨道交通动车、地铁等。

三、毛利润

毛利润高的创业机会，相对风险较低，也比较容易达到盈亏平衡。反之，毛利润低的创业机会，风险则较高，遇到决策失误或是从产生较大的变化时，企业很容易遭受损失。一般而言，理想的毛利率是40%。当毛利率低于20%的时候，这个创业机会就不值得考虑。

四、资本需求量

资金需求量中等或较低的创业机会，一般比较受投资者欢迎。资本需求量过高其实并不利于创业，有时候还会带来稀释投资回报率的负面效果。通常，越是知识密集型的创业机会，对于资金的需求量越低，投资报酬反而会越高。因此，创业初期不要选择资本需求量过大的项目。

五、资本市场活力

当处于一个具有高度活力的资本市场时，它的获利回收机会相对也比较高。不过资本市场的变化幅度极大，在市场高点时投入，资金成本较低，筹资相对容易。但在资本市场低点时，投资新企业开发的诱因则较低，好的创业机会也相对较少。不过，对投资者而言，市场低点的成本较低，有的时候反而投资回报会更高。一般而言，新创企业所在的活跃的资本市场比较容易创造增值效果，因此资本市场活力也是一项可以被用来评价创业机会的外部环境指标。

六、退出机制

所有投资的目的都在于回报，因此退出机制对于创业机会的评估也具有相当的重要性。资金退出机制主要有企业被收购或出售、公开发行股票等各种途径。由于资金退出的难度往往要高于进入，所以一个具有吸引力的创业机会，应该要为所有投资者考虑退出机制，以及退出的策略规划。

要点3　创业机会与人的因素

一、创业者

首先，创业过程中遭遇到的困难与风险极大，因此有必要了解创业者的创业动机，以利于判断他愿意为创业活动付出代价的程度。一般认为，创业机会与个人目标的契合程度越高，则创业者投入意愿与风险承受意愿自然也会越大，创业目标最后获得实现的概率也相对越高。因此，一个具有吸引力的创业机会，一定是一个能充分与创业者个人目标相契合的创业计划。

其次，创业者是否具有创业必需的能力，如：知识、技能和特质等，如果不具备，他们是否能够学习并提高这些能力。许多小企业的管理者都是基于他们的能力才创办企业的。

最后，最好选择自己有独特优势资源的创业项目。俗话说：靠山吃山，靠水吃水。如果创业者能独具慧眼，发掘自己身边特有的资源进行投资开发，往往容易成功，因为在这种情况下，你没有竞争对手。因此，应尽量选择与自己的专业、经验、兴趣、特长能挂得上钩的项目，整合自己的优势资源，如：个人资历、专利权、地区优势等，如果创业者能整合越多的资源到创业项目中去，那么就越能提高市场竞争力，创业成功的可能性也就越大。

二、创业团队

创业过程中会遇到大量的资金、竞争、市场等风险决策，解决风险的核心是创业团队。现在社会，投资者往往将创业团队组成视为创业机会一个重要的衡量尺度。如阿里巴巴创始人马云曾说，在选择投资三流的创业团队运营一流的创业项目和一流的创业团队运营三流的创业项目时，他情愿选择后者。

创业团队对于行业的相关经验与了解深度也会影响创业机会能否成功实现，一般需要在创业团队中配备行业内的专家，否则，再好的创业机会，如果创业团队不具备相关产业经验或专业背景，也很难成功。因此，由具有卓著声誉的创业者领军，结合一群各具专业背景成员所组成的创业团队，再加上紧密的组织凝聚力与共同的价值观，这种所谓最佳团队组合可以被视为新创业成功的最佳保证。

要点4　创业机会的时效

创业者能否抓住创业机会成功创业，不仅取决于该创业机会的潜在市场价值，还要看该创业机会的时效长短。创业导师蒂蒙斯称创业机会时效长短为“机会窗口”，他认为，机会存在或产生于现实的时间中。“机会窗口”就是指特定的创业机会存在于市场之中的一定时间跨度，创业者只有在适当的时间内实施创业才有可能获得相应的投资回报，如图 2-4 所示。

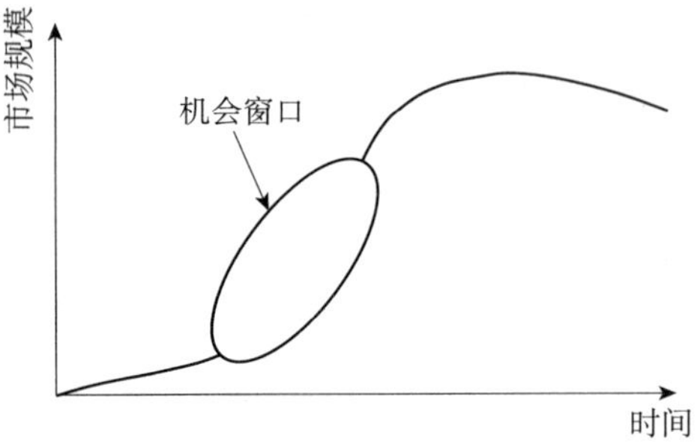

图 2-4　机会窗口

图 2-4 就是一个产品或者行业的机会窗口描述。在产品或行业的发展初期，市场规模发展较为缓慢，曲线的坡度比较平缓，创业机会出现的概率也不大，机会窗口尚未打开。随着时间的推移，产品或行业被大众接受度提高，市场规模高速增长，创业机会也会越来越多，越来越明显。直至经过一段时间发展，市场规模逐渐稳定并最终趋于饱和，机会窗口就会关闭。因此整个机会窗口的发展过程实际上也是创业机会的生命周期。

因此，创业者能否及时掌握机会窗口打开时机，以及判断机会窗口是否拥有足够的获利时间长度是决定创业成败的关键能力。据美国的一项研究调查表明，当机会窗口的时间短于 3 年，新企业投资失败率高达 80% 以上；如果机会窗口的时间超过 7 年，则几乎所有投资的新企业都能获得丰厚回报。

创业者往往喜欢在第一时间追逐投资市场上尚未出现过的全新产品，抢占空白市场。但由于市场接受度较小，机会窗口尚未打开，所以未必能获得丰厚的回报。

案　例

传呼机退出历史舞台

世界上最早被后人称为“无线寻呼机”的那个小黑匣子原来诞生于 1948 年的美国贝尔实验室，它被当时的人们亲切地称为“带铃的仆人”。传呼技术真正发展的时期，是在 20 世纪 80 年代。这一时期世界发生了巨变，世界一体化进程加快，同时也加快了信息技术的发展。中国的传呼技术引进是在改革开放之后的 1984 年由上海率先实施的。中国的传呼技术是和世界同步进行的，20 世纪 90 年代中后期开始有企业生产传呼机。1998 年，全中国的 BP 机用户突破 6 546 万，名列世界第一，高峰时全国有寻呼企业 5 000 多家，用户总数超过 8 000 万。而中国联通寻呼在全国更拥有近 4 500 万用户，市场占有率超过 60%。但是，中国的传呼企业很少有对技术进行前瞻性研究的，业界人士总是幼稚地认为，中国有 12 亿人口，有很大的传呼市场。的确，按人口来讲，若全国传呼机普及率达 10% 这一世界低水平，中国的传呼市场就有 1.2 亿以上用户。但发展有一个时间和技术问题。中国的传呼市场在近一两年内停滞不前是很现实的，部分沿海城市已经表现出来，如珠海，传呼用户已经从27万以上下降到15万以下，其他城市也发生了类似的情况。2001年，北京多家寻呼企业并入联通寻呼后，国内寻呼业巨头润迅通信也宣布将寻呼业务并入联通。到2006年2月，全国的寻呼用户只剩下1 044户。至此，寻呼业在中国完全从巅峰坠入谷底。

从1984年正式进入中国，到20世纪90年代末达到高峰，再到目前寻呼机近乎销声匿迹，有人说，这就如同生物学的观点一样，寻呼业在中国20多年的发展史就好像是一个人的成长周期——从出生，到成长再到衰老……

问题：传呼机在中国很快成为“明日黄花”的原因是什么？

【案例分析】

移动电话技术的高速发展，使其价格平民化，功能越来越强大，已经完全超越了传呼机，且网络通信等费用也已经被大众所接受，所以传呼机的历史使命已经完成，行业发展走向没落，机会窗口也已经关闭。在技术日新月异的今天，行业更替瞬息万变，前几年还是商业奇迹和富豪诞生地的一些知名论坛、团购网、微博网等，都已经开始日落西山，机会窗口越来越小。所以选择创业项目，不仅要看到今天的收益，更要看到明天的发展。

要点5 创业机会的评估标准

创业机会的评估标准如表2-1所列。

表2-1 创业机会的评估标准

准则	吸引力	
	最高潜力	最低潜力
行业和市场	改变人们生活和工作方式	只有不断提高
市场	市场驱动、市场识别、收入利基市场的不断再现	不集中，一次性收入
• 顾客	可以达到、订单	对其他品牌忠诚或者无法达到
• 用户利益	小于1年的回收期	3年以上的回收期
• 增值	高，提前支付	低，对市场的影响力极小
• 产品生命	长久	短暂
• 市场结构	不完美、分散的竞争或新兴的行业	高度集中或成熟或衰退的行业

续表

准则	吸引力	
	最高潜力	最低潜力
市场规模	1亿～10亿美元的销售潜力	不可知，少于2 000万美元或几百万美元的销售潜力
成长率	以30%～50%的速度成长	收缩的或少于10%
市场容量	达到或接近全容量	容量不足
可达的市场份额（5年内）	20%或更多，市场领导者	少于5%
成本结构	低成本的提供者，成本优势	不断下降的成本
经济性		
实现盈亏平衡/正现金流的时间	1.5～2年	4年以上
潜在的投资回报率	每年25%或以上	少于15%～20%
资本要求	低度到中度，可资助的	很高，不可资助的
潜在的内部回报率	每年25%或以上	每年少于15%
自由现金流的特征	有利，可持续的、销售的20%～30%或更多	少于销售收入的10%
销售增长	从适度到高达15%～20%	少于10%
资产强度	在销售收入中所占比例低	高
正常运营资本	低，渐进性的要求	高要求
研发资本开支	要求低	要求高
毛利	超过40%，可持续	低于20%
税后利润	高，大于10%	低
达到盈亏平衡点所需时间	少于2年，盈亏平衡点不会缓慢上升	大于4年，盈亏平衡点缓慢上升
收获问题		
附加值潜力	高战略价值	低战略价值
多重评估和比较评估	20倍的本益比（P/E），8～10倍的息前税前收入（EBIT），1.5～2倍的收入，8～10倍的自由现金流	小于5倍的本益比（P/E），3～4倍的息前税前收入（EBIT），小于4倍的收入
退出机制和战略	当前或未来的期权	未确定的，非流动资产投资
资本市场内容	有利的评估、时机、资本可得，可变现流动性	不利的，信用紧缩
竞争优势		
固定和可变成本	最低，高运营杠杆化	最高

续表

准则	吸引力	
	最高潜力	最低潜力
对成本，价值和分销的控制力	适度到很强	弱
进入障碍		
● 产权保护	拥有或者能够得到	没有
● 反应 / 领导时间	竞争迟缓	不能取得优势
● 法律、契约优势	产权所有或排他性的	没有
● 契约和网络	很发达，可进入	初级的，有限的
● 关键人物	很具才能人物，一流团队	二流或三流团队
管理团队		
创业团队	全明星组合，自由经纪人	弱的或者单个创业者
产业和技术经验	领域内最顶尖的、有极佳的商业记录	不发达的
整合	高标准	有问题的
理性诚实	知道他们不知道什么	不知道他们不知道什么
致命缺陷的问题	不存在	一个或更多
个人标准		
目标和适配性	得到你想要得到的，但要想到你已经得到的	出人意料
上升 / 下降趋势的问题	可实现的成功 / 有限的风险	线性的，在同一个连续体上
机会成本	可接受的工资缩减等	安于现状
愿望	与生活方式相适配	仅仅是追求挣大钱
风险 / 回报容忍度	周密计算的风险，低风险 / 回报率	风险规避或赌博者
压力承受力	在压力下繁荣成长	在压力下崩溃
战略差异化		
适配程度	高	低
团队	一流的团队，优秀的免费经纪人	二流团队，没有免费的经纪人
服务管理	优质的服务概念	认为不重要
时机	顺势而上	抵制潮流
技术	突破性的	有很多替代品或竞争者
灵活性	能够适应，能迅速执行或停止	缓慢的、固执的
机会导向	总是在寻找机会	在“真空”中操作、疏忽

续表

准则	吸引力	
	最高潜力	最低潜力
定价	接近于领导者	比竞争者廉价出售，低价
分销渠道	可得到的，有销售网络	不可知的，不可得到的
容错空间	宽容战略	不宽容，刚性战略

资料来源：（美）杰弗里·蒂蒙斯．战略与商业机会．周伟民．北京：华夏出版社，麦格劳 - 希尔教育出版集团，2002，15～127 页。

要点6　未来创业投资热点

一、环保节能产业

环保节能项目是目前国家重点发展的项目，也是七大新兴产业的首选项目。国家把最新的节能环保项目作为创业项目推荐，为鼓励更多的企业发展节能环保，提高国民节能环保意识。

二、现代农业

进入 21 世纪以来，发展现代农业成为我国新农村建设的首要任务，资源节约型、生态保护型农业成为现代农业的主要形式。

三、保健养生行业

伴随着社会物质生活水平的不断提高，人们对健康的关注度也越来越高，保健产业作为朝阳产业，有着广阔的发展前景和发展空间。

四、文化产业

有关机构发布的《2012 中国文化产业并购研究报告》认为，未来 5～10 年是中国文化产业并购快速升温的时期，未来将会每年有 50～60 宗收购行为产生于文化产业。

五、汽车服务业

汽车已经从当初成功人士身份的象征，逐渐成为平民百姓的代步工具，使市场日益扩大，这就产生了汽车“后市场”经济的巨大商机。涵盖汽车维修、保养、装修、美容、清洗、年检、后续保险、安全、防盗、二手车交易等多个领域。据央视调查，目前我国 60% 以上的高档私家车主有汽车美容需求；70% 的私家车主愿意安装防盗报警设备。据罗兰贝格公司的调查报告指出，中国现汽车后市场交易额已达 2 000 亿元左右。而且，汽车美容、汽车装饰、汽车快修等领域的创业门槛并不高。

其中汽车美容这一项便被不少业内人士认为是最具“前景”的投资产业，汽车美容将成为投资热点。

六、休闲旅游产业

最近几年，国家和地方大力发展旅游业，使旅游经济迅速崛起，已成为现代服务业中新兴产业之一。其涵盖旅游、观光、度假以及与相关的餐饮、住宿、交通、通信、文化娱乐、纪念型工艺美术品等众多行业的综合产业。

七、母婴服务行业

现今，母婴服务行业的发展已渐臻成熟。很多有独特投资眼光的人士都看到了蕴藏其中的“钱景”，纷纷将目光转向母婴服务行业。

八、家居饰品

说起家居饰品，相信现在很多人会迷恋其中。但是在几年前，很多消费者都不屑一顾，认为它只是一个极不起眼也成不了多大气候的行业。

九、收藏品投资

收藏活动在中国有着悠久历史。收藏品在具有艺术鉴赏价值的同时，还具有一定的经济价值。由于收藏品具有艺术性和不可再生性，其价值会随时间的推移而有升值之势，因此具有稳定的回报率。如今，创业领域日益宽广，创业途径不断增多，收藏品的创业含金量也开始为越来越多的人所发现。有那么一群收藏发烧友已先行一步，通过藏品交易，把兴趣爱好变成了创业捷径。

十、美容美体行业

近年化妆护理、瘦身美容等观念不断通过大众媒体的猛烈宣传攻势，几乎激起了每个人爱美的天性欲望，也因此拉动了美容产业的兴起。

模块三
创业团队

【教学目标】

1. 通过学习，能够掌握优秀创业团队的标准与组建方法。

2. 通过学习，能够熟悉创业团队的管理办法。

3. 通过学习，能够熟悉创业团队的特征。

项目一 优秀创业团队的组建

创业者想要达到成功最重要的还是要有坚持的毅力和信念，越来越多的创业者开始组建成功的创业团队，因为想要成功必须和创业团队抱成一团，共同地用智慧去创造新的财富。那么，如何才能组建优秀的创来团队呢？

要点　相得益彰的创业团队

一、才华各异、相得益彰的创业团队

（1）知己知彼的团队成员中，绝大多数创业团队的核心成员都很少，一般是三四人，多也不过十来人，因为人数太少，几乎每个从事管理工作的人都觉得能够轻易驾驭。但实际上，这个创业团队成员虽少，但是都有自己的想法，有自己的观点，更有一股藏于内心的不服管的信念。因此，对创业团队中的每个成员都不能抱以轻视的态度，可以创建才华各异、相得益彰的创业团队。

（2）优秀的创业团队的所有成员都应该相互非常熟悉，知根知底。《孙子兵法》中云："知己知彼，百战不殆"，在创业团队中，团队成员都非常清醒地认识到自身的优劣势，同时对其他成员的长处和短处也一清二楚，这样可以很好地避免团队成员之间因为相互不熟悉而造成的各种矛盾、纠纷，迅速提高团队的向心力和凝聚力。

（3）创业团队虽小，但是"五脏俱全"。创业团队成员不能是清一色的技术流成员，也不能全部是搞终端销售的，优秀的创业团队成员各有各的长处，大家结合在一起，正好是相互补充，相得益彰。相对来说，一个优秀的创业团队必须包括以下几种人：一个创新意识非常强的人，这个人可以决定公司未来发展方向，相当于公司的战略决策者；一个策划能力极强的人，这个人能够全面周到地分析整个公司面临的机遇与风险，考虑成本、投资、收益的来源及预期收益，甚至还包括公司管理规范章程、长远规划设计等工作；一个

执行能力较强的成员，这个人具体负责下面的执行过程，包括联系客户、接触终端消费者、拓展市场，等等。

二、有胜任的带头人

（1）创业团队必须有胜任的带头人。在企业管理和市场营销中，我们经常谈论领导者的核心竞争力，事实上，在创业团队中，带头人作用更加重要。创业团队中必须有可以胜任的领导者，而这种领导者，并不是单单靠资金、技术、专利来决定的，也不是谁出好的点子则由谁来当头的。这种带头人是团队成员在多年同窗、共事过程中发自内心的认可，其他的一切都是废话。

（2）一个好汉三个帮，红花也需绿叶扶持。不管创业者在某个行业多么优秀，但不可能具备所有的经营管理经验，而借助团队就是拿来主义，他们可以拥有企业所需要的经验。例如顾客经验、产品经验和创业经验等。而且人际关系在创业中的比重被放在一个很重要的位置，人际关系网络或多或少地能够帮助创业者，是企业成功的因素之一。通过团队，人脉关系网可以放得更大，从而可以提高创业成功的概率。

三、形成共同目标

一项针对创业者能力的研究报告指出，组成团队与管理团队是成功创业者需要具备的主要能力之一。由于组成创业团队的基石在于创业远景与共同信念，因此创业者需要提出一套能够凝聚人心的远景与经营理念，形成共同目标、语言、文化，作为互信与利益分享的基础。组成创业团队是一种结合远景、理念、目标、文化、共同价值观的机制，使之成为一个生命与利益共同体的组织。

组建的创业团队，必须是要有共同的奋斗目标，并且愿意为了这个事业不断奋进的一群人。

项目二
创业团队管理

创业管理不同于传统管理。它主要研究企业管理层的创业行为，研究企业管理层如何延续注入创业精神和创新活力，增强企业的战略管理柔性和竞争优势。

要点1　创业管理

一、创业管理定义

创业管理反映了创业视角的战略管理观点。Stevenson 和 Jarillo 于 1990 年提出创业学和战略管理的交叉，作者使用“创业管理”这个词以示二者的融合，他们提供了一个从创业视角概括战略管理和一般管理的研究框架，创业是战略管理的核心。

二、因素与范式

随着创业管理研究的深入，对创业管理研究形成了非常有价值的概念框架模型。W.B.Cartner（1985）提出了个人、组织、创立过程和环境的创业管理模式；William（1997）在 Cartner 提出的概念框架的基础上，提出了由人、机会、环境、风险和报酬等要素构成的创业管理概念框架；Timmons（1999）提出了机会、创业团队和资源的创业管理理论模型；Christian（2000）提出了创业家与新事业之间的互动模型，强调创立新事业随时间而变化的创业流程管理和影响创业活动的外部环境网络是创业管理的核心。

基于创业管理研究领域专家、学者的研究成果，创业管理范式可以概括为：以环境的动态性与不确定性以及环境要素的复杂性与异质性为假设，以发现和识别机会为起点，以创新、超前行动、勇于承担风险和团队合作等为主要特征，以创造新事业的活动为研究对象，以研究不同层次事业的成功为主要内容，以心理学、经济学、管理学和社会学方法为工具研究创业活动内在规律的学说体系。

三、核心与组成

（1）创业管理的核心问题是机会导向、动态性等。所谓机会导向，即指创业是在不局限于所拥有资源的前提下，识别机会、利用机会、开发机会并产生经济成果的行为，或者将好的创意迅速变成现实。而创业的动态性，一方面即创业精神是连续的，创业行为会随着企业的成长而延续，并得以强化；另一方面即机会发现和利用是动态过程。

（2）创业管理是一个系统的组合，并非某一因素起作用就能导致企业的成功。决定持续创业成功的系统必然包括创新活力、冒险精神、执行能力以及团队精神等。通过这样的系统来把握机会、环境、资源和团队。创业管理的根本特征在于创新，创新并不一定是发明创造，而更多是对已有技术和要素的重新组合；创业并不是要求无限制地冒险，而是要理性地控制风险；创业管理若没有一套有效的成本控制措施以及强有力的执行方案，其结果只能导致企业竞争力的缺失；创业管理更强调团队中不同层级员工的创业，而不是单打独斗式的创业。

要点2　创业团队“八项注意”

一、实现创业梦想的基本原则

（1）首先要找准行业。深思熟虑涉足哪个行业最为合适，做哪些买卖能获得成功，预测你的事业将以什么样的速度增长？请考虑以下原则：①利润与销售紧密相联的行业，如当销售额增长 20% 时，净利润可以增长 50% 的行业；②对其他行业依赖性小，有较强的独立性的行业；③有连续不断的市场需求的行业；④少有破产、倒闭事件发生的行业。

（2）你的梦想要有不同于竞争对手的特点，重要的是在创业之初，要在一定市场中占据主导地位。

（3）一定要保证产品和服务的质量，这是成功的关键。要有最完善的服务，最丰富的存货，最优秀的信誉，要成为你的竞争对手难以抗拒的强者。无论是商品还是一项服务，都是最好的；市场营销也别具一格，大有成效。

（4）必须辛辛苦苦地工作。一般要遵循 5+10 规则，也就是说，它将要花费 5 年的时间和比你想象多 10 倍的费用才能达到成功的彼岸。所有的事都要花费比你想象至少多一倍的时间和金钱，但往往只能取得你期望中的一半的效果。

（5）做生意之前，好好数一数自己到底有多少现金和存款。因为你可能会失去它们，再也赚不回来了。

（6）创业者必须亲自做市场调查，不能参照别的公司或政府的资料，他们的目标不适合你自己的目标。

（7）办公司前，先到这一相关领域去工作一段时间，这样会缩短你在这一行业独自摸索的时间。

二、制定一个切实可行的发展计划

正式的书面计划，可为新创立公司树立一个无价的、积极的发展目标，它包括以下 4 个部分：

（1）目标陈述，包括公司的发展目标，以及达到目标的方式。如想获得资金，可以列明还需要多少资金，怎样利用这笔资金，怎样偿还和如何偿付投资者的红利等。

（2）公司经营范围的描述，说明公司是做什么的，有哪些特色新产品或服务。如果是创业初始，还应详列创业费用和五年计划，包括公司对财务、保险、安全措施、仓库控制等记录的保障体系。

（3）市场宣传计划部分，应说明公司的潜在客户是哪些人以及赢得这些客户的方法，包括所有直接或间接的竞争对手，及公司的竞争优势。所有的促销、价格、包装、批发等都应在计划中详述。除此之外还应说明市场宣传计划、研究市场发展趋势，以及如何让公司走在市场的前沿。

（4）资金计划应说明公司的已有资金以及公司实际需要的资金。刚创办的公司应有一个形式上的现金流动报表，并参照此表和年收入情况，制定一个三年收入计划。制定计划时可借助对市场及竞争对手的调查，或有关书籍为参考资料。企业计划，可以把你从一天天的苦心经营的磨难中解放出来，使你的精力得以集中到未来的发展上，创业者非常需要抽出一些时间来制定公司的发展计划。

三、学会把日常工作交由他人来做

要授权，而不仅仅是对整个程序全盘管理。如果一个企业家把太多的时间花在任何人都能胜任的日常工作上，而从来不考虑老板应做的战略计划及高层次的管理工作，那么其代价有时是致命的。如果你允许员工做决定的话，他们会做得很好。他们也会犯我们都会犯的错误，但他们可以学习而且下一次会做得更好。权利下放是一个公司能够茁壮成长的唯一途径。

四、有经商技巧的头脑必须经过这样一些过程才能造就

深入地了解你的产品，经常地听取用户意见，培养你的搭档和下属一种能感知企业内部资金流入流出状况的直觉能力，与你的搭档和下属一起精诚合作，并把自己以往获得的经验，与他们分享，商业头脑的获得会使你的注意力迅速地集中在“关键点”上。

（1）要找准自己的用武之地，不能脱离实际，好高骛远。

（2）把主攻方向确定在一个特定而非漫无边际的范围是非常重要的，公司起步时尤其要如此。

（3）循序渐进比起贸然闯入一个知之甚少的陌生领域来说，是促成公司快速增长的更为可取的方式，欲速而不达，往往会带来“鸡飞蛋打，功亏一篑”的悲惨后果。

五、要舍得花大价钱，尽可能招聘到最好的人才

人才将会给公司带来比你付出的高薪多得多的利润和好处，因为，如果你的员工是一流的，你公司便也成了一流的。老板必须清楚公司需要什么样的员工，并且让公司的每个员工知道自己的职责范围，同时要培养他们的团队精神，使之与其他员工默契配合。只要做到这一点，费点时间和精力也是值得的，这样不仅有利于老板明白自己需要什么样的人

才，还有利于公司吸引人才。

一般来说，部门经理要在自己公司内部选拔，而优秀的销售员和市场营销人员则要到竞争对手公司里去聘请。

六、创业之前，应当不辞辛苦地去了解其他公司的薪金制度

（1）要建立定额销售制度，完成销售额的员工将获得公司毛利一定比例的收入。完不成销售额者收入会少些，超额完成者收入相对要多一些，形成能者多、平者少、庸者下的竞争机制。企业刚起步时，你对薪金制度了解得越多，公司今后的发展越容易。

（2）企业从创办的第一天起，就应该有书面的规章制度。不严谨、漏洞百出的混乱状态会给公司经营带来麻烦。没有任何规章制度的公司，只会落到举步维艰的境地。规章制度最大的好处是：使每个人都处在相同的行为准则下朝着共同的目标前进。如果做老板的你不制定这个准则，指明这个方向，那么员工就会自行其事。

（3）规章制度中，不能限制老板处理事物的决定权。对违反规章制度的处理方法也要清楚地写入，比如，对于那些在工作中一贯失误者，根据记录这样的人最终会被解雇。但准则的重点应放在员工对工作的表现上。

七、任何事情都不要独自一人去做，合伙人会带来无价的帮助

要在你的能干员工中找到“伙伴”，即合伙做生意，但事先应该有一个书面的协议，写明双方应承担的权利和义务。通常双方应能为公司的发展带来不同的经营才干、经验或其他相关的优势。友情不能维持合伙关系，事实上生意上的合伙关系很容易破坏多年的友情。合伙要想成功、愉快，必须在合伙之前先写好协议。如果是两个意见经常相背者合伙，更应该有书面协议书。

典型的协议书应该说明生意的具体目的、说明每个合伙人的有形的资产、财产、设备、专利等和无形的服务、特有技术、关系网等投入，以及每个人在收入上应得的百分比。这样的协议允许合伙人占有的公司股份各不相同，但一定

要说明各个合伙人在公司管理中的地位和职务，是否允许合伙人从事公司以外的其他业务等。有一点最重要，那就是合伙双方以什么样的方式结束合伙关系，对此一定要在协议中写明。

八、建立专业的管理组织，让“小作坊”变成正规公司

“小作坊”式的管理方式会给你带来巨大的工作压力，公司发展也会因此而极为缓慢有限。公司规模小时，一个人独自管理还行得通，但当你开始做上百万元的大合同时，客户会关注你的公司是否具有专业的管理水平，这时公司就要靠一个正规而专业的管理班子来运转了。

（1）首先应该分析公司每天都在做什么？如何做的？以及公司的主要收益是哪些？这些调查不能急于求成，而要细心有加。这一过程既是帮助企业权力下放，又是指导有针对性地招聘那些人品和才能都适合公司发展的人才。严谨的调查有助于这些工作的进行。要为一个职位找到最合适的管理人才，必须经历一个漫长的过程。你必须要了解他们每个人的特点，以便因才施位。

（2）你不能随便找一个人便完事大吉，必须不停地挖掘，要把有真才实学的人选进公司。许多公司在朝专业化管理转变的过程中消亡了，原因就在于没有建立起一个高效、专业的管理班子。要搭建这个班子必须遵循以下几项原则：①聘请有经验的人员，选择素质较高的人；②力图使其拥有的经验和才能适应公司的环境；③尽量到你过去共过事的朋友中去寻找；④管理层的人数要尽可能得少；⑤盯住目标——利润才是最终目的。

这一搭建过程十分艰辛。开始，你不可避免地要同一群你不认识、不了解也难以信任的人相处，这些人会经常更换，直到团队成为最有战斗力为止，也可以采取通过“顾问”体系来形成管理班子的办法：先从一些职业退休人士或业务关系中有这方面经验者中聘请，他们能够弥补年轻员工经验不足的缺陷。对每个年轻的管理人员都配有一个顾问来指导其工作。这样一来，公司的管理班子很自然地就随着业务的增长而成熟起来。

要点3　创业团队比较

一、时代背景不同

传统职能管理产生、成熟于机器大工业时代，而今天世界正在经历从工业社会向消费社会的转变，从工业社会向信息社会的转变，这就是创业管理产生的新经济时代。传统的管理范式聚焦于商品，是技术导向型的，研发、设计、工程、大批量制造、大市场、大规模操作、自动化和专业化都是重要因素。在知识经济时代，产品市场的生命周期缩短，重点是如何快速地进入和退出市场，迅速推出升级产品，竞争的关键转向产品生命周期的前端，新事业、新产品策略包括研发管理、创新管理、知识产权管理等成为管理关注的重点。

二、客体不同

传统的管理理论以现有的大公司为研究对象，而创业管理理论则以不同层次的新建事业以及新的创业活动为研究对象。传统管理理论侧重于向人们提供在现存大企业中开展管理工作所需要的知识和技能，灌输用保守的规避风险的方式来运用这些理论和分析方法，为的是培养优秀的职业经理人。创业管理则培养优秀的企业家，其研究客体不仅仅包括中小企业，其内容也不是一般企业管理知识在中小企业领域的翻版。

三、出发点不同

传统职能管理的出发点是效率和效益，创业管理的出发点则是通过找寻机会并取得迅速的成功与成长。创业管理的核心问题是机会导向，即创业是在不局限于所拥有资源的前提下，识别机会，开发机会，利用机会并产生经济成果的行为。

四、内容体系不同

传统职能管理通过计划、组织、领导和控制来实现生产经营；而创业管理则是在不成熟的组织体制下，更多地依靠团队的力量，靠创新和理性冒险来实现新事业的起步与发展。创业管理的内容体系是围绕如何识别机会、开发机会、利用机会而展开的。其中创业过程中组织与资源之间的关联性和耦合是其研究重点之一。它包括：个人的知识准备与新机会之间的耦合；创业过程中核心团队成员知识和性格的耦合；现有资源和能导致事业成功的战略之间的耦合；新的潜在事业特征和当前用户实践之间的耦合等。

要点4　创业团队的特征

一、实力强大

具有很强的管理能力和人际关系，资金实力雄厚，然后选择一个适合你的创业项目，那你将会取得很好的创业成绩。

二、对项目有兴趣

选择的项目一定是或必须是你的兴趣所在，至少是你喜欢做的。

三、坚忍不拔精神

具备坚韧不拔一往无前的创业精神，做好吃苦耐劳受累的准备，发扬艰苦奋斗的风格，具备敏锐的眼光，踏踏实实从小事做起，连续滚动，永续发展。

模块四
创业财务基础

【教学目标】

1. 通过学习，能够了解创业资金需求的概述、类别及需求量预测。

2. 通过学习，能够熟悉创业企业筹集资金成本与风险。

3. 通过学习，能够掌握创业财务核算的方法。

大学生创业在财务管理上存在意识淡薄，操作实践经验不足的缺点。本模块拟从大学生创业资金需求为起点，谈谈如何筹措创业过程所需资金并能合理安排筹资方式，控制筹资成本。阐述大学生创业企业财务核算与监督的重要性，帮助学生了解财务凭证、财务账簿、财务报表，以及对经济业务的监督，保证创业企业资金的安全，提高创业企业资金的使用效率。

项目一 创业资金需求

要点1 创业需求资金的概述

一、资金

资金（fund；financial resource）：泛指资本，用于发展国民经济的物资或货币；也指国家、公司、社团、商行等拥有的款项或收益。

1. 对于资金的定义

对于资金的定义有很多，有以下表述：

（1）资金是垫支于社会再生产过程，用于创造新价值，并增加社会剩余产品价值的媒介价值。

（2）资金是以货币表现并用来进行周转的，创造满足社会物质财富需要的价值。它体现着以生产资料公有制为基础的社会主义生产关系。

（3）资金是用于社会主义扩大再生产过程中的有价值的物资和货币。

（4）资金是国民经济中财产物资的货币表现。

资金是一种货币表现，是流通中价值的一种货币表现。社会主义再生产过程中通过不断运动保存并增加其自身价值的价值。资金是社会主义公有资产的价值形态，是社会主义国家和企业扩大再生产，满足全社会劳动者日益增长的物质和文化需要的手段，体现国家、企业、劳动者个人三者在根本利益一致基础上的关系。

2. 资金的投入

资金的投入指的是资金的取得，是资金运动的起点。投入企业的资金包括投资者投入的资金和债权人提供的资金，前者形成企业的所有者权益，后者属于债权人权益（形成企业的负债）。投入企业的资金在形成企业的所有者权益和负债的同时形成企业的资产，一部分形成流动资产，另一部分构成非流动资产。

资金的循环与周转是资金运动的主要组成部分，企业将资金运用于生产经营过程就形成了资金的循环与周转，分为供应过程、生产过程、销售过程三个阶段。

供应过程是生产的准备过程，在供应过程中，随着采购活动的进行，企业的资金从货币资金形态转化为储备资金形态。

生产过程既是产品的制造过程，又是资产的耗费过程。在生产过程中，在产品完工之前，企业的资金从储备资金形态转化为生产资金形态，在产品完工后又由生产资金形态转化为成品资金形态。

销售过程是产品价值的实现过程，在销售过程中，销售产品取得收入，企业的资金从成品资金形态又转化为货币资金形态。

由此可见，随着生产经营活动的进行，企业的资金从货币资金形态开始，依次经过供应过程、生产过程和销售过程三个阶段，分别表现为储备资金、生产资金、成品资金等不同的存在形态，最后又回到货币资金形态，这种运动过程称为资金的循环。资金周而复始地不断循环，称为资金的周转。

3. 资金的退出

资金的退出指的是资金离开本企业退出资金的循环与周转，主要包括偿还各项债务，上交各项税金以及向所有者分配利润等。图 4-1 所示的是流动资金的循环过程。

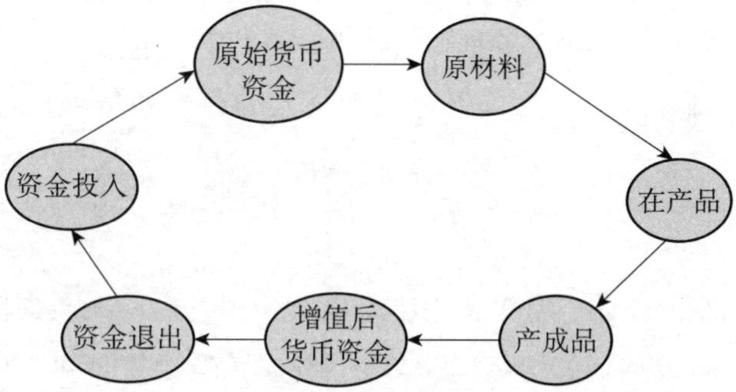

图 4-1　资金循环过程

上述资金运动的三部分内容是相互支撑、相互制约的统一体，具体而言：没有资金的投入，就不会有资金的循环与周转；没有资金的循环与周转，就不会有债务的偿还、税金的上交和利润的分配等；没有这类资金的退出，就不会有新一轮资金的投入，也就不会有企业进一步的发展。

二、创业资金

创业资金（venture capital）是指创业者进行创业时，前期的资本投入，包括创业者能力提高的就业培训、租用场地、店铺租赁、店面装修、店面展示商品所需资金以及数量不等的流动资金。创业资金所涉及的内容包括创业资金定义、资金来源方式、银行借贷程序、其他借贷方式、风险控制、国家资金扶持等。

1. 资金来源方式

（1）自筹资金。包括自己的储蓄或者向亲属朋友借贷所得资金。

（2）社会筹资。通过提供高价值的固定抵押物，向银行等金融机构贷款，或者通过熟人或网络向非正式金融机构借贷，后者比前者利率高，风险更大。

2. 银行借贷程序

（1）填写居民住房抵押申请书，并提交银行下列证明材料：身份证、户口本、婚姻证明、房本等质押物品所有权证件、银行流水单。

（2）银行对借款人的贷款申请、购房合同、协议及有关材料进行审查。

（3）借款人将抵押房产的房产证等交与银行并办理抵押登记手续。

（4）借贷双方担保人签订住房等抵押贷款合同并进行公证。

（5）贷款合同签订并经公证后，银行对借贷人的存款和贷款通过转账划入相关账户内，贷款流程结束。

3. 其他借贷方式

除银行质押借贷外，现在还有很多中小型借贷公司，提供无质押借贷。手续简单，时间短，不过借贷利率高，月息达 1%，年息达 10%，最高贷款时间 5 年，利息从贷款本金里直接扣除，到期还本即可。目前，网上提供创业咨询、资金借贷的公司很多。北京创业服务中心就是其中的一个。

4. 风险控制

创业都有风险，把风险降到最低是每个创业者的追求。降低创业风险需要注意以下几点：

（1）创业前需要对产业市场环境有个综合的了解。

（2）创业就是创新的行业。

（3）创业必须做好长期作战准备。

（4）因小本而创业，误认“本小利丰”，终究会“入错行”。

（5）因失业而创业，宜谋定而后动，计划性创业比被迫性创业成功率更高。

（6）乌托邦式创业，没有经验，自我摸索，流于理论，不切实际。

（7）创业角色冲突，领薪水付薪水，角色冲突未调适，不谙分工授权。

5. 国家资金扶持

根据国家相关创业资金扶持政策，可申请创业补助与信贷资金等。

（1）银行对贷款申请者的要求

● 年满十八周岁，具有合法有效身份证明和贷款行所在地合法居住证明，有固定的住所或营业场所。

● 持有工商行政管理机关核发的营业执照及相关行业的经营许可证，从事正当的生产经营活动，有稳定的收入和还本付息的能力。

● 借款人投资项目已有一定的自有资金。

● 贷款用途符合国家有关法律和银行信贷政策规定，不允许用于股本权益性投资。

● 在银行开立结算账户，营业收入通过银行结算。

（2）贷款申请者需提供申请资料

● 借款人及配偶身份证件（包括居民身份证、户口簿或其他有效居住证原件）和婚姻状况证明。

● 个人或家庭收入及财产状况等还款能力证明文件。

● 营业执照及相关行业的经营许可证，贷款用途中的相关协议、合同或其他资料。

● 担保材料：抵押品或质押品的权属凭证和清单，有权处分人同意抵（质）押的证明，银行认可的评估部门出具的抵（质）押物估价所报告。

要点2　创业所需资金的类别

资金是企业生产经营活动的起点，任何企业要开展生产经营活动都需要一定的资金数额。熟悉企业资金的不同分类，对于正确计算和合理筹集创业资金具有十分重要的意义。

一、资金的类别

● 按分配的形式，资金可分为通过财政收支形式而分配的财政资金和通过银行信贷形式而分配的信贷资金。

● 按照资金的来源，企业的资金可以分为股权资金和债权资金。股权资金是投资者投入企业的资金；债权资金则是从各种渠道借入的资金。

● 按用途可分为用于投资建设的资金和用于生产经营活动的资金。

● 按资金在再生产过程中的周转情况，可以分为流动资金和非流动资金，表现为原材料、在制品、制成品、商品、银行存款等的流动资金；表现为房屋、机器设备等的固定资金的非流动资金。无论是哪一种形式的资金，都必须参与社会主义的再生产过程，处在不断的运动之中。资金只有在运动中，才能保存价值并使原有的价值得到增值。

● 按照资金投入企业的时间段，可以分为开业筹备期资金需求和试营业期资金需求。

开业筹备期资金需求是在企业开业之前，发生在企业筹办期间的各种支出。开业筹备期资金需求按照其性质又可分为创业开办费用和创业其他支出。创业开办费用是指企业在筹建期间发生的各种费用性支出，包括验资费、注册登记费、人员工资、差旅费、办公费、培训费、印刷费，以及不形成存货等流动资产、不能列入固定资产和无形资产购建成本的各种费用；创业其他支出指企业在筹建期间为取得存货等流动资产、购建固定资产和无形资产等所发生的支出，这些支出应在其发生时确认为一项资产。企业筹建期间发生的开办费，应在企业开始生产经营的当月起一次计入当月损益，列入“管理费用”与“长期待摊费用”。

试营业期资金需求是企业从开始经营之日起到企业能够做到资金收支平衡为止的期间内，投资者需继续向企业追加的投资。试营业期的时间跨度往往因企业性质而有所不同，一般来说，非制造企业可能会在一个月内完成，制造企业则包括从投料生产之日开始到销售收入到账这段时间，可能要持续数月乃至 1 年以上，不同的制造企业其营运前期的时间也会因性质不同而有所不同，有的短于 1 年，有的可能会更长。

二、创业者在筹备期和试营业期费用划分

创业者在筹备期和试营业期会发生各种各样的费用，有些与企业的生产经营有直接关系，另一些与企业经营没有直接关系。在企业筹备和开业前期与企业自身运营相关的费用，按照其发生的时间段不同分为筹备期费用和试营业期费用；与企业自身经营没有关系的支出可列入其他支出，如购置住宅的费用等。

【例】将下列的各项费用按创办企业发生费用的时间段划分为试营业期费用、筹备期开办费用筹备期其他支出，如表 4-1 所示。

表 4-1　各种费用项目表

序号	项目名称	筹备期开办费用	筹备期其他支出	试营业期费用
1	创业开办验资费			
2	创业开办注册登记费			
3	企业装修装饰费			
4	设备购置费			
5	市场调查咨询费			
6	开业宴请与宣传费			
7	首期购进原材料费			
8	首期购置周转材料费			
9	后期购进原材料费			
10	购置创业者住宅费			
11	后期购置周转材料费			
12	员工首月薪酬			
13	创业者首月薪酬			
14	学习培训费			
15	购置办公用品费			
16	购置企业交通工具费			
17	通信费			

续表

序号	项目名称	筹备期开办费	筹备期其他支出	试营业期费用
18	员工福利费			
19	利息与银行手续费			
20	支付技术转让费			

对于上述案例，属于试营业期费用的有企业开办注册登记费、购置和装修厂房的费用（如企业装修装饰费等）、设备购置费、开业宴请和宣传费、首次购买原材料费用和首期购进原材料费、员工首月薪酬、企业者首月薪酬；属于开业前期费用的有：后期购进原材料费用、后期购置周转材料费、员工次月的工资；同时属于营运前支出和营业前期支出的项目有市场调查咨询费、学习培训费、购置办公用品费、购置企业交通工具费、通信费、劳动和社会保障支出（如员工福利费）、利息支出等；而购置住宅的费用由于与企业生产经营没有关系，属于其他支出项目，不计入创业所需资金的范畴。

要点3　创业资金需求量预测

创业资金需求量预测是指根据创办企业拟生产经营规模的规划，对创业筹备期和开业前期所需资金的估计和推测。

一、创业资金需求量预测的意义

（1）创建中小企业可能遇见的问题很多，但资金正常流通是创业的最主要因素之一。正如一句企业界的经典名言，“企业可能不会由于经营亏损而破产清算，却常常会因为资金断流而倒闭”。资金对企业尤其是初创期的企业来说有着至关重要的作用。

（2）创业者对自己能力的过度自信和对企业经营的盲目乐观，常会将筹备期的时间估计过短，或忽略掉开办前期，导致对创办企业所需的资金数额估计不足，引起企业运营初期的资金周转困难，并最终导致企业无法经营。

（3）创业者为企业的顺利开张并持续经营筹集足额的创业资金。当然，也不是创业前期筹集的资金越多越好，因为筹集过多的资金，将导致资金的闲置，增加财务费用，影响企业经营效益。合理地筹集创业资金需求是对创业者财务管理素质的基本要求，也是创办企业必备的前提条件。

二、创业资金需求量预测的内容

（1）创业者必须认识到，除一些小微的零售商店外，大部分企业会采用商业信用的方式开展延期结算与预付采购款等业务活动。企业的性质决定了都有可能会发生一些赊销的业务，这就意味着企业实现的主营业务收入与其他业务收入，很大程度上无法在当期收到现款，导致现金流入与预测的销售收入不相匹配。

（2）在销售收入的现款无法及时收回期间，要求自主创业者要在流入的现金无法满足资金支付时，能继续追加对企业的资金投入。否则，就可能出现企业经营业绩良好，却无法按期支付工资、材料款、办公费等的现象，如果无法按期偿还企业的债务，企业的债权人可能会申请企业进行破产清算，迫使企业无法继续生产经营。

例　题

张立与任静是两名三年级在校大学生，在进行了大量的市场调查基础上，发现在校大学生从事电子商务的队伍庞大，而商品拍摄的技术缺乏，为填补这一行业的市场空挡。于是两人以股份制形式决定合办一家“视觉营销”公司。在开办公司前，他们还对开办公司的所需费用做了估算，具体如下：

1. 租用 30 平方米工作室，2 000 元 / 月；
2. 购置电脑 3 台，5 000 元 / 台，计 15 000 元；
3. 购置空调 1 台，6 000 元 / 台，计 6 000 元；
4. 购置桌子 3 张，800 元 / 台，计 2 400 元；
5. 购置椅子 6 张，300 元 / 台，计 1 800 元；
6. 购置展示柜 2 个，2 000 元 / 个，计 4 000 元；
7. 购置 2 台打印机，1 500 元 / 台，计 3 000 元；
8. 购置传真机 1 台，1 000 元 / 台，计 1 000 元；
9. 广告设计制作费，计 2 600 元；
10. 广告宣传费，1 400 元 / 月；

11. 购置首批办公用品，计 1 200 元；

12. 购置饮水机 1 台 600 元，600 元 / 台，计 600 元；

13. 每月大约需要 5 桶水，10 元 / 桶，计 50 元 / 月；

14. 电话费、网费，计 300 元 / 月；

15. 水电费，计 200 元 / 月；

16. 需要雇佣 1 名内勤和 1 名公关人员工资、社保费，4 000/ 月；

17. 房屋简装修费，计 20 000 元；

18. 购置 2 套摄影机及配套设备，12 000 元 / 套，计 24 000 元；

19. 注册登记等开业前的基本费用，计 1 000 元。

创业者开户、刻章直至办完整套开业手续，大约需要一个月的时间。对于日后的收入，创业者也进行了调查。每增加一家客户可以取得大约 300 元的业务收入，为每户服务的耗材等基本费用大约为 50 元。另外，每月客户在 100 户以内时基本上不用增加内勤和公关人员。

股东简单测算如下：

所需要的资金 = 房屋租金 2 000 元 + 电脑 15 000 元 + 空调 6 000 元 + 办公桌 2 400 元 + 办公椅子 1 800 元 + 打印机 3 000 元 + 展示柜 4 000 元 + 传真机 1 000 元 + 办公用品 1 200 元 + 饮水机及首月的饮用水 650 元 + 电话费、网费 300 元 + 水电费 200 元 + 广告制作及宣传费 4 000 元 + 雇员工资及社保费 4 000 元 + 房屋简装修费 20 000 元 + 摄影机及配套设备 24 000 元 + 开办费用 1 000 元 =90 550 元。

即资金需要量不超过 10 万元，而每一户可以赚的钱却相当可观。两位股东对自己的专业知识和开拓市场的能力非常自信，相信自己开办的公司一定会很红火。为了以防万一，怕哪些项目考虑不周全，在筹集资金时还多准备了一些余款，共筹集了 10 万元整的资金。可是他们怎么也没想到的是，到第三个月公司资金链就出现了断裂，支付下季度房屋租金、广告费、水电费的钱都没有。原因何在？股东的计算有何问题？测算出开办这样一个公司大约需要多少资金？

本案例中视觉营销公司资金链出现断裂的原因主要是其对创业所需资金的计算有误。公司只考虑到了开业前的基本费用，但忽略了试营业期的可能支出，尽管其按照自己的计算在筹集资金时还多准备了 9 450 元余款，但由于其对试营业期时间的估计不充分，忽视了由于其对试营业期费用支出的考虑，导致了其最终在资金链上出了问题。其原因具体有：

（1）计算的失误在于对试营业期支出的忽略与错误估算。对于视觉营销公司来说，其计算的资金需求仅仅是其开业筹备阶段的费用支出，这些支出又可以继续分为两类：数额较大开办费和购置资产的支出。其中：电脑、空调、办公桌、打印机、摄影设备、展示柜、传真机等的支出构成该公司的固定资产；开业前支付的房租、办公用品、第 1 个月的饮用水、电话费、网费、水电费、广告设计宣传费及注册登记等费用为长期待摊费用。而且，这些支出均在开业之前已经支付，开业之后，多长时间能够做到资金的收支平衡，能够不再继续追加投资，股东们却没有做好估算。

（2）在计算创业所需资金时，股东们往往没有考虑原来兼职所获得的收入，忽略了自己基本的生活费。这也是大部分创业者可能忽略的一项支出。一般来说，创业者在开始创办企业之前会有一些兼职工作，其在筹办企业期间相当于原来这些兼职工资收入失去了，事实上这部分收入就是创业的机会成本，应当作为一项隐形支出考虑；作为创业者每月基本的生活及相关的支出应列入创业资金需求之内。

（3）公司股东对市场调查不够充分。在筹备创业之前，需开展一项市场调研，分析其试营业期的业务量情况，根据其市场调查的结果确定业务量大小，并据此估算可能获得的现金流入量，从而估算资金收支的平衡点。资金的收支平衡点需根据每月固定项目现金流出的数额与每月能够形成的现金流入数额的比较来估算，其计算公式为：

现金的收支平衡点＝每月固定项目现金流出额 ÷ 单位业务现金流入额

现金的收支平衡点可用图 4-2 进行形象的说明。

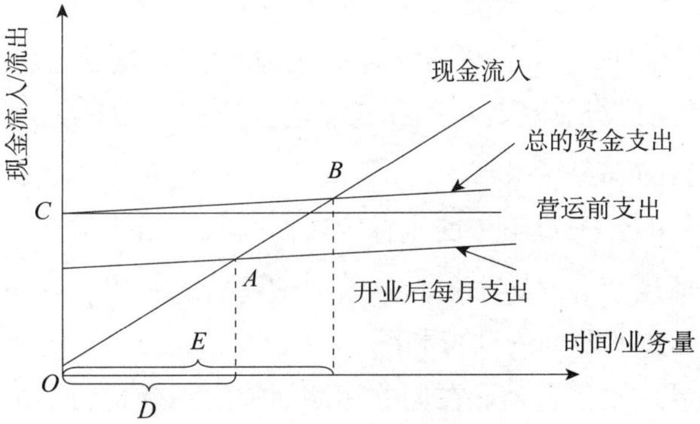

图 4-2　现金收支平衡点

图中，*A*——现金收支平衡点；*B*——投资资金回收点；*C*——试营业支出；*D*——试营业期；*E*——投资资金回收期。

对于视觉营销公司来说，其每月固定的项目支出包括：房屋租金 2 000 元、办公用品 1 200元、首月的饮用水 50元、电话费与网费 300元、水电费 200元、广告宣传费 1 400元、雇员工资及社保费 4 000 元以及创业者基本的生活费支出（即按雇员的平均薪酬水平半数来计算）每月为 2 000 元，由此，企业每月的基本支出为以上各项之和 11 150 元；对于公司来说，主要的现金流入是客户拍摄的服务费用现金收入，该例中每项业务——客户带来的现金流入为 250 元。因此，现金收支平衡点的计算应为：

$$现金的收支平衡点=每月固定项目现金流出额 \div 单位业务现金流入额$$
$$= 11\,150 \div 250 = 45（户）$$

通过计算可以发现，视觉营销公司要想实现现金的收支平衡最少需要拍摄 45 家客户的业务。创业者需要根据自己从市场调查中得到的客户增加情况来计算其试营业期所需时间，假定通过调查，类似的视觉营销公司每月可以增加 5 家客户，则该公司的试营业期为 9 个月（45 户 /5）。

（4）试营业期支出的重要性。通过上述案例可以发现，视觉营销公司要达到现金的收支平衡需要 9 个月的时间，这就意味着创业者在企业开始经营后依然需要在前 9 个月继续向公司追加资金，试营业期支出金额为 100 350 元（11 150 元 ×9）。可见，对于很多公司来说，试营业期资金支出远比筹办期资金支出要大得多，所以，在计算创业所需资金时一定要充分考虑试营业期的资金投入。

（5）相关税费缴纳。“自营改增”后，视觉营销公司属于现代服务业，纳税人计税依据原则上为发生应税交易取得的全部收入，适用增值税率为 6%。加上公司应该承担的城市维护建设税和教育费附加，该公司的综合税率为 6.6%，这就意味着，如果该公司月度收入为 10 000 元的话，其营业税费在 660 元左右。所以，在计算创业所需资金时，应该考虑到试营业相关税费的现金流出。

（6）业务拓展支付的公关费用。创业者应根据其所在城市类似企业业务经费的开支状况及其调查的结果，估算一部分用于拓展业务活动的公关费用，以尽快增加客户，缩短试营业期间，使企业在较短的时间内获得利润。

（7）节约资金与风险储备。企业在创办初期面临的不确定因素很多，风险性较大，为应对各种意外的发生，需要创业者在公司创办初期预留足够的货币资金，并准备一定的风险储备基金。此外，公司创办初期的资金较为紧张，创业者应尽可能地减少各项不必要的费用支出，把有限的资金用到公司最需要的地方。

（8）公司若有部分资金是从外部借入的，应确定为负债经营，在试营业期间还要考虑每月利息的支出。

创业者创办的视觉营销公司最少需要筹集的资金数额为：

筹办期支出 90 550 元 + 试营业期支出 100 350 元 + 相关税费 + 拓展业务费 + 风险储备资金 + 借款利息等＞ 190 900 元

为保证创业者能够较准确地计算创业公司所需资金，可以通过表 4-2 来进行创业资金需要量的估算。

表 4-2　创业资金需要量的估算表

资金项目	筹备期	首月	2	3	4	5	6	7	…
房屋租金									
场地装修装饰费									
购置设备费									
购置办公家具									
办公用品									
员工工资									
创业者生活费									
相关税费									
拓展业务费									
广告宣传费									
水电费									
电话费									
保险费									
设备维护费									
申报执照费									
风险储备基金									
借款利息									
……									

项目二
创业资金的来源

创业者在预计所创办企业所需资金量的基础上，需要对创业资金来源进行规划，考虑筹资渠道、筹资成本、筹资风险等，以确保资金在期限内筹集到位，降低筹资成本，掌握筹资风险可控度。

要点1　创业企业资金筹集的概述

创业企业在计算出创业所需资金之后，下一步的工作便是筹集资金。根据2013年中国社会科学出版社《大学生创业指数研究》资料显示，对普通高校1 479位大学生就大学生创业资金的充足的来源项目的调研发现，有204位认为较充足，有408位认为一般，有663位认为不够充足，有102位认为不充足，有102位认为无法储备，认为大学生创业资金不够充足、不充足及无法储备率为58.6%。还有大量的调查研究均得到类似的结论，大学生认为“缺乏启动资金”是创业的最大障碍。由此可见，缺少创业所需资金及创业资金筹集的困难是创业者面临的最大挑战。那么，创业者从哪些渠道可以获得所需资金？又如何增加获得创业资金的概率呢？一般企业的资金来源于贷款、债券发行和股东出资等渠道。创业企业资金按照其来源可以分为股权融资和债权融资两大类。

一、股权融资

股权融资是指企业的股东愿意让出部分企业所有权，通过企业增资的方式引进新的股东的融资方式。股权融资所获得的资金，企业无须还本付息，但新股东将与老股东同样分享企业的盈利与增长。股权融资的特点决定了其用途的广泛性，既可以充实企业的营运资金，也可以用于企业的投资活动。

1. 融资渠道

股权融资按融资的渠道来划分，主要有两大类：公开市场发售和私募发售。所谓公开市场发售就是通过股票市场向公众投资者发行企业的股票来募集资金，包括我们常说的企业的上市、上市企业的增发和配股都是利用公开市场进行股权融资的具体形式。所谓私募发售，是指企业自行寻找特定的投资人，吸引其通过增资入股企业的融资方式。因为绝大多数股票市场对于申请发行股票的企业都有一定的条件要求，例如中国对公司上市除了要求连续 3 年赢利之外，还要企业有 5 000 万元的资产规模，因此对大多数中小企业来说，较难达到上市发行股票的门槛，私募成为民营中小企业进行股权融资的主要方式。一般来说，创业者要创办企业首先需要自己向企业投入部分资金。创业者投入企业的资金是创业者愿意并且能够承担相应责任和义务的标志，它既反映了创业者本人对于所创办企业的信心，也是其日后在企业投入时间和精力的敦促与动力，还是对债权人资金的保障。所以，任何企业均应有部分投资者投入的资金。

2. 私募发售

私募发售在当前的环境下，是所有融资方式中，民营企业比国有企业占优势的融资方式。其产权关系简单，无须进行国有资产评估，没有国有资产管理部门和上级主管部门的监管股权融资，大大降低了民营企业通过私募进行股权融资的交易成本，并且提高了融资效率。私募成为近几年来经济活动最活跃的领域。对于企业，私募融资不仅仅意味着获取资金，同时，新股东的进入也意味着新合作伙伴的进入。新股东能否成为一个理想的合作伙伴，对企业来说，无论是当前还是未来，其影响都是积极而深远的。在私募领域，不同类型的投资者对企业的影响是不同的，在中国有以下几类的投资者：个人投资者、风险投资机构、产业投资机构和上市公司。私募发售融资方式如图 4-3 所示。

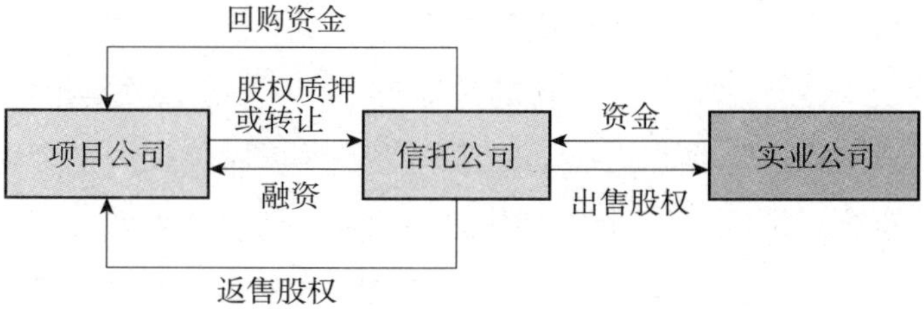

图 4-3　私募发售融资方式

（1）个人投资者，虽然投资的金额不大，一般在几万元到几十万元之间，但在大多数民营企业的初创阶段起了至关重要的资金支持作用，这类投资人很复杂，有的人直接参与企业的日常经营管理，也有的人只是作为股东关注企业的重大经营决策。这类投资者往往与企业的创始人有密切的私人关系，随着企业的发展，在获得相应的回报后，一般会淡出对企业的影响。另外，个人投资的资金还有来自于投资者个人的储蓄资金。准备创业的人，应从自我做起，较早地将自己收入的一部分储蓄起来，作为创业资金；在读或毕业初期的大学生，则可以从父母那里取得部分创业资金，作为自有资金投入。创业者还可以从亲友处取得部分资金，如果这些资金是亲友投入的，则算为股权融资，如果从亲友处借的资金需要按期还本付息，则属于债权融资。

（2）合伙人的资金。创业者可以通过转让部分股权的方式从合伙人那里取得创业资金，创办合伙企业，成立公司。创业者还可以通过公开或私募股权的方式，从更多的投资者那里获得创业资金，成立公司制企业。

（3）其他企业投资。创业者可以从那些拥有闲置资金的企业获得投资资金，一方面可以满足创办企业的资金需求，另一方面也可以使那些拥有闲置资金的企业获得较高的收益。

3. 风险资本（投资基金）

风险资本（venture capital）又叫风险投资基金或创业基金，是当今世界上广泛流行的一种新型投资机构。它是一种以私募方式募集资金，以公司等组织形式设立，投资于未上市的新兴中小型企业（尤其是新兴高科技企业）的一种承担高风险、谋求高回报的资本形态。风险投资机构，是20世纪90年代后期在中国发展最快的投资力量，其涉足的领域主要与高技术相关。在2000年互联网狂潮中，几乎每一家.COM公司都有风险投资资金的参与。国外如IDG、Softbank、ING等，国内如上海联创、北京科投、广州科投等都属于典型的风险投资机构。它们能为企业提供几百万元乃至上千万元的股权融资。风险投资机构追求资本增值的最大化，它们的最终目的是通过上市、转让或并购的方式在资本市场退出，特别是通过企业上市退出是它们追求的最理想方式。风险投资基金就可以通过证券市场转让股权而收回资金，继续投向其他风险企业。对于创业者来说，如果所创企业符合风险投资家的项目选择标准，则风险资本是一种比较好的融资方式。通过风险资本不但可以筹集资金，还可以得到风险投资家们专业的帮助和指导。

（1）发行方法

在一些风险投资较为发达的国家，风险投资基金主要有两种发行方法：一种是私募的公司风险投资基金。通常由风险投资公司发起，出资 1% 左右，称为普通合伙人，其余的 99% 吸收企业或金融保险机构等机构投资人出资，称为有限合伙人，同股份有限公司股东一样，只承担有限责任。普通合伙人的责权利，基本上是这样规定的：一是以其人才全权负责基金的使用、经营和管理；二是每年从基金经营收入中提取相当于基金总额 2% 左右的管理费；三是基本期限一般为 15～20 年，期满解散而收益倍增时，普通合伙人可以从收益中分得 20%，其余出资者分得 80%。另一种是向社会投资人公开募集并上市流通的风险投资基金，目的是吸收社会公众关注和支持高科技产业的风险投资，既满足他们高风险投资的渴望，又给予了高收益的回报。这类基金，相当于产业投资基金，是封闭型的，上市时可以自由转让。

目前世界上的风险投资基金大致可分为欧洲型和亚洲型两类，它们的主要区别在于投资对象的不同。风险投资基金是一种“专家理财、集合投资、风险分散”的现代投资机制。对于风险企业而言，通过风险投资基金融资不仅没有债务负担，还可以得到专家的建议，扩大广告效应，加速上市进程。特别是高新技术产业，风险投资通过专家管理和组合投资，降低了由于投资周期长而带来的行业风险，使高新技术产业的高风险和高收益得到有效的平衡，从而为产业的发展提供足够的稳定的资金供给。此外，作为风险投资基金的投资者，也可以从基金较高的规模经济效益与成功的投资运作中获取丰厚的投资回报。

（2）特点

风险投资基金作为基金，同其他投资基金并无两样。其主要不同之处在于：一是其投资的对象为高风险的高科技创新企业，失败率较高，一般在 60%～80%，而成功率只有 5%～20%，因此这就要求基金的规模足够大，使得风险投资基金能同时投资于多个风险项目，从而通过其中的一个或几个项目的成功来弥补在其他风险项目上的损失并获取收益；二是基金常采取与其他风险投资公司联合投资的方法，以分散风险；三是基金在决策上经常当机立断，敢于取舍。

风险投资公司对于风险项目的选择、决策和经营，是非常谨慎而严格的，任何哪怕是微不足道的失误，都可能给风险投资公司带来致命的打击。在国外，一般来说，一个风险投资公司，一年总共提出申请参与投资的风险项目，大约有 1 万个，经过选择同意作初步了解的大约 150 项，大体上只占 1.5%。在初步了解基础上作深入会谈、研究的 24～25 个，真正同意参股、签约的不到10项，即不到全部申请项目的0.1%。合同执行中，发现投资效益和项目开发前景不理想而果断中止的，每年都有1～2项。最后真正获得成功的，是千里挑一的特优企业。这类成功的企业，经过两三年的创业经营，迅即显露出效益高增长的势头。这时风险投资公司可以采取两种方法收回投资：一种是找一家大的优势企业集团以合适的价格收购，从股票转让中收回投资；另一种则是在专门的证券市场（如美国的NASDAQ）帮助公司上市，在企业的股票10倍、20倍升值时，则出售自己持有的股票，收回投资。到了这一阶段，高科技创新企业实际上已经成为一个渡过了风险期的高成长型企业，其股票享有相当高的升值空间，这对于高风险投资的回报，是以高技术和高水平的资本运营创造出来的。

①投资对象：主要是不具备上市资格的小型的、新兴的或未成立的的高新技术企业。

②投资周期：一般风险资金是2～5年。

③投资回报率：相当高，平均为20%～40%。

④投资目的：注入资金或技术，取得部分股权（而不是为了控股），促进受资公司的发展，使资本增值、股票上涨而获利。

⑤获利方式：企业上市或转让股权（退出机制）。

⑥投入阶段：企业发展初期、扩充阶段。

（3）风险类型

- 信用风险：基金在交易过程中可能发生交收违约或者所投资债券的发行人违约、拒绝支付到期本息等情况，从而导致基金资产损失，包括基金所投资的债券、票据等工具本身的信用风险，以及以交易为基础的投资的对家风险，如回购协议等。
- 市价暴露风险：市价暴露风险是指货币市场基金的实际市场价值，即按市价法估值得出的基金净值与基金交易价格（通常情况下是基金面值）的偏离风险。
- 政策风险：因财政政策、货币政策、产业政策、地区发展政策等国家宏观政策发生变化，导致市场价格波动，影响基金收益而产生风险。
- 经济周期风险：随着经济运行的周期性变化，证券市场的收益水平也呈周期性变化，基金投资的收益水平也会随之变化，从而产生风险。
- 利率风险：金融市场利率的波动会导致证券市场价格和收益率的变动。利率直接影响着债券的价格和收益率，影响着企业的融资成本和利润。基金投资于债券和股票，其收益水平可能会受到利率变化的影响。
- 上市公司经营风险：上市公司的经营状况受多种因素的影响，如管理能力、行业竞争、市场前景、技术更新、财务状况、新产品研究开发等都会导致公司盈利发生变化。如果基金所投资的上市公司经营不善，其股票价格可能下跌，或者能够用于分配的利润减少，使基金投资收益下降。上市公司还可能出现难以预见的变化。虽然基金可以通过投资的多样化来分散这种非系统风险，但不能完全避免。

- 通货膨胀风险：基金投资的目的是基金资产的保值增值，如果发生通货膨胀，基金投资于证券所获得的收益可能会被通货膨胀抵消，从而影响基金资产的保值增值。
- 债券收益率曲线风险：债券收益率曲线风险是指与收益率曲线非平行移动有关的风险，单一的久期指标并不能充分反映这一风险的存在。
- 再投资风险：市场利率下降将影响固定收益类证券利息收入的再投资收益率，这与利率上升所带来的价格风险互为消长。
- 管理风险：基金管理人的专业技能、研究能力及投资管理水平直接影响到其对信息的占有、分析和对经济形势、证券价格走势的判断，进而影响基金的投资收益水平。同时，基金管理人的投资管理制度、风险管理和内部控制制度是否健全，能否有效防范道德风险和其他合规性风险，以及基金管理人的职业道德水平等，也会对基金的风险收益水平造成影响。
- 流动性风险：我国证券市场作为新兴转轨市场，市场整体流动性风险较高。基金投资组合中的股票和债券会因各种原因面临较高的流动性风险，使证券交易的执行难度提高，买入成本或变现成本增加。此外，基金投资人的赎回需求可能造成基金仓位调整和资产变现困难，加剧流动性风险。
- 操作和技术风险：基金的相关当事人在各业务环节的操作过程中，可能因内部控制不到位或者人为因素造成操作失误或违反操作规程而引致风险，如越权交易、内幕交易、交易错误和欺诈等。此外，在开放式基金的后台运作中，可能因为技术系统的故障或者差错而影响交易的正常进行甚至导致基金份额持有人利益受到影响。这种技术风险可能来自基金管理人、基金托管人、注册登记人、销售机构、证券交易所和证券登记结算机构等。
- 合规性风险：指基金管理或运作过程中，违反国家法律、法规或基金合同有关规定的风险。
- 其他风险：因基金业务快速发展而在制度建设、人员配备、风险管理和内控制度等方面不完善而产生的风险；因金融市场危机、行业竞争压力可能产生的风险；战争、自然灾害等不可抗力因素的出现，可能严重影响证券市场运行，导致基金资产损失；其他意外导致的风险。

二、债权融资

债权融资是指企业通过借钱的方式进行融资，债权融资所获得的资金，企业首先要承担资金的利息，另外在借款到期后要向债权人偿还资金的本金。债权融资的特点决定了其用途主要是解决企业营运资金短缺的问题，而不是用于资本性项目方面的开支。

创业者获得债权融资的方式包括：银行借款、企业间借款、政府资金借款、商业信用融资、租赁融资等多种方式。

1. 银行借款

银行借款是指企业向银行或其他非银行金融机构借入的、需要还本付息的款项，包括偿还期限超过 1 年的长期借款和不足 1 年的短期借款，主要用于企业购建固定资产和满足流动资金周转的需要。银行借款的分类如下。

（1）按提供贷款的机构，分为政策性银行贷款、商业银行贷款和其他金融机构贷款

政策性银行贷款是指执行国家政策性贷款业务的银行向企业发放的贷款，通常为长期贷款。如国家开发银行贷款，主要满足企业承建国家重点建设项目的资金需要；中国进出口信贷银行贷款，主要为大型设备的进出口提供的买方信贷或卖方信贷；中国农业发展银行贷款，主要用于确保国家对粮、棉、油等政策性收购资金的供应。

商业性银行贷款是指由各商业银行，如中国工商银行、中国建设银行、中国农业银行、中国银行等，向工商企业提供的贷款，用以满足企业生产经营的资金需要，包括短期贷款和长期贷款。

其他金融机构贷款，如从信托投资公司取得实物或货币形式的信托投资贷款，从财务公司取得的各种中长期贷款，从保险公司取得的贷款等。其他金融机构的贷款一般较商业银行贷款的期限要长，要求的利率较高，对借款企业的信用要求和担保的选择比较严格。

（2）按机构对贷款有无担保要求，分为信用贷款和担保贷款

信用贷款是指以借款人的信誉或保证人的信用为依据而获得的贷款。企业取得这种贷款，无须以财产作抵押。对于这种贷款，由于风险较高，银行通常要收取较高的利息，往往还附加一定的限制条件。

担保贷款是指由借款人或第三方依法提供担保而获得的贷款。担保包括保证责任、财务抵押、财产质押，由此，担保贷款包括保证贷款、抵押贷款和质押贷款。

保证贷款是指按《担保法》规定的保证方式，以第三人作为保证人承诺在借款人不能偿还借款时，按约定承担一定保证责任或连带责任而取得的贷款。

抵押贷款是指按《担保法》规定的抵押方式，以借款人或第三人的财产作为抵押物而取得的贷款。抵押是指债务人或第三人不转移财产的占有，将该财产作为债权的担保，债务人不履行债务时，债权人有权将该财产折价或者以拍卖、变卖的价款优先受偿。作为贷款担保的抵押品，可以是不动产、机器设备、交通运输工具等实物资产，也可以是依法有权处分的土地使用权，还可以是股票、债券等有价证券等，它们必须是能够变现的资产。如果贷款到期借款企业不能或不愿偿还贷款，银行可取消企业对抵押品的赎回权。抵押贷款有利于降低银行贷款的风险，提高贷款的安全性。

质押贷款是指按《担保法》规定的质押方式，以借款人或第三人的动产或财产权利作为质押物而取得的贷款。质押是指债务人或第三人将其动产或财产权利移交给债权人占有，将该动产或财务权利作为债权的担保，债务人不履行债务时，债权人有权以该动产或财产权利折价或者以拍卖、变卖的价款优先受偿。作为贷款担保的质押品，可以是汇票、支票、债券、存款单、提单等信用凭证，也可以是依法可以转让的股份、股票等有价证券，还可以是依法可以转让的商标专用权、专利权、著作权中的财产权等。

（3）按企业取得贷款的用途，分为基本建设贷款、专项贷款和流动资金贷款

基本建设贷款是指企业因从事新建、改建、扩建等基本建设项目需要资金而向银行申请借入的款项。

专项贷款是指企业因为专门用途而向银行申请借入的款项，包括更新改造技改贷款、大修理贷款、研发和新产品研制贷款、小型技术措施贷款、出口专项贷款、引进技术转让费周转金贷款、进口设备外汇贷款、进口设备人民币贷款及国内配套设备贷款等。

流动资金贷款是指企业为满足流动资金的需求而向银行申请借入的款项，包括流动基金借款、生产周转借款、临时借款、结算借款和卖方信贷。

2. 企业间借款

企业间借款是指无金融经营权的两个企业之间互相拆借资金的民事行为，其内容是非金融机构的企业之间，通过书面的或口头的协议，由一方企业将自己合法所有的资金借

给另一方企业使用，另一方企业在约定期限届满后归还本金和支付利息。对于有闲置资金的其他企业，创业者既可以吸收其资金作为股权资本，还可以向这些企业借款，形成债权资本。

3. 政府资金借款

国家和各地政府为促进创业型经济的发展，推出了不同形式的创业基金或创业担保基金。创业者还要善于利用政府扶持政策，从政府方面获得融资支持。如专门针对下岗失业人员的再就业小额担保贷款，专门针对科技型企业的科技型中小企业技术创新基金，专门为中小企业“走出去”准备的中小企业国际市场开拓资金等，还有众多的地方性优惠政策。利用相关政策的扶持，可以达到事半功倍的效果。

各省市为支持当地创业型经济的发展，也纷纷出台许多政策，支持创业。如浙江省就出台了各种优惠政策来鼓励大学生自主创业，省政府设立的 1 亿元大学生科技创新基金已进入实质性运作，已审核批准大学生创新创业、科技推广等项目 1 192 个，受惠大学生近 5 000 人。杭州市、宁波市、绍兴市积极出台针对高校毕业生的创业资助办法。杭州市西湖区设立“西湖区大学生创业专项资金”，给予大学生创业企业 20 万元以下一次性创业资助资金；宁波市通过小额担保贷款、创新资助、税费减免、人事代理服务等方面的优惠措施，鼓励高校毕业生自主创业，创新资助金额每项最高可达 60 万元，个别重大项目可达 100 万元，创业扶持金额每项一般为 20 万～40 万元。各地希望创业的大学生可以通过网络的方式或者向当地政府咨询获得这些信息，为筹集创业所需资金拓宽融资渠道。

4. 商业信用融资

商业信用融资是指企业之间在买卖商品时，以商品形式提供的借贷活动，是经济活动中的一种最普遍的债权债务关系。商业信用的存在对于扩大生产和促进流通起到了十分积极的作用，但不可避免地也存在一些消极的影响。企业在筹办期以及生产经营过程中，均可以通过商业信用的方式筹集部分资金。如企业在购置设备或原材料、商品过程中，可以通过延期付款的方式，在一定期间内免费使用供应商提供的部分资金，主要方式有：

（1）应付账款融资，对于融资企业而言，意味着放弃了现金交易的折扣，同时还需要负担一定的成本，因为往往付款越早，折扣越多。

（2）商业票据融资，也就是企业在延期付款交易时开具的债权债务票据。对于一些财力和声誉良好的企业，其发行的商业票据可以直接从货币市场上筹集到短期货币资金。

（3）预收货款融资，这是买方向卖方提供的商业信用，是卖方的一种短期资金来源，信用形式应用非常有限，仅限于市场紧缺商品、买方急需或必需商品、生产周期较长且投入较大的建筑业、重型机械制造等。

其优点有：

● 筹资便利。利用商业信用筹集资金非常方便，因为商业信用与商品买卖同时进行，属于一种自然性融资，不用做非常正规的安排，也无须另外办理正式筹资手续。

● 筹资成本低。如果没有现金折扣，或者企业不放弃现金折扣，以及使用不带息应付票据和采用预收货款，则企业采用商业信用筹资没有实际成本。

● 限制条件少。与其他筹资方式相比，商业信用筹资限制条件较少，选择余地较大，条件比较优越。

其缺点有：

● 期限较短。采用商业信用筹集资金，期限一般都很短，如果企业要取得现金折扣，期限则更短。

● 筹资数额较小。采用商业信用筹资一般只能筹集小额资金，而不能筹集大量的资金。

● 有时成本较高。如果企业放弃现金折扣，必须付出非常高的资金成本。

5. 租赁融资

融资租赁（financial leasing）又称设备租赁或现代租赁，是指实质上转移与资产所有权有关的全部或绝大部分风险和报酬的租赁。资产的所有权最终可以转移，也可以不转移。

租赁融资主要是创业者通过融资租赁的方式融通部分资金。融资租赁是集融资与融物、贸易与技术更新于一体的新型金融业务。出租人根据承租人对租赁物件的特定要求和对供货人的选择，出资向供货人购买租赁物件，并租给承租人使用，承租人则分期向出租人支付租金，在租赁期内租赁物件的所有权属于出租人所有，承租人拥有租赁物件的使用权。租期届满，租金支付完毕并且承租人根据融资租赁合同的规定履行完全部义务后，对租赁物的归属没有约定的或者约定不明晰的，可以协议补充；不能达成补充协议的，按照合同有关条款或者交易习惯确定，仍然不能确定的，租赁物件所有权归出租人所有。

为扩大国际经济技术合作与交流，开辟利用外资的新渠道，吸收和引进国外的先进技术和设备，1980 年中国国际信托投资公司引进租赁方式。1981 年 4 月第一家合资租赁公司中国东方租赁有限公司成立，同年 7 月，中国租赁公司成立。这些公司的成立，标志着中国融资租赁业的诞生。2007 年后，国内融资租赁业进入了几何级数增长的时期，业务总量由 2006 年的约 80 亿元增至 2011 年约 9 300 亿元。2012 年年底，全国注册运营的融资租赁公司约 560 家，其中包括金融租赁公司 20 家，内资租赁公司 80 家，及外资租赁公司约 460 家。注册资金总额达 1 820 亿元人民币，租赁合同余额约 15 500 亿元人民币。

由于其融资与融物相结合的特点，出现问题时租赁公司可以回收、处理租赁物，因而在办理融资时对企业资信和担保的要求不高，所以非常适合中小企业融资。

【例】2012 年创业公司发行总面额为 50 万元的 3 年期债券，票面利率为 12%，发行费用率为 5%，公司所得税率为 25%，该证券的成本率为多少？（不考虑资金时间价值）

$K=I(1-T)/B(1-F)=50\times12\%\times(1-25\%)/50\times(1-5\%)=9.47\%$

即该证券的成本率为 9.47%。

要点2　资金成本

创业企业使用的资金，无论是从各种渠道借来的资金，还是创业者个人的自有资金，或者其他方式筹集的股权资金，都具有一定的资金成本。认识到这一点，对于创业者合理选择筹资渠道，及时募集所需资金非常重要。

一、资金成本含义与分类

1. 资金成本的概念

资金成本（cost of funds）是指企业为筹集和使用资金而付出的代价。

（1）资金成本是商品经济条件下资金所有权和资金使用权分离的产物。

（2）资金成本具有一般产品成本的基本属性即同为资金耗费，但又不同于账面成本，而属于预测成本，其一部分计入成本费用，另一部分则作为利润分配处理；资金成本是企业的耗费，企业要为占用资金而付出代价、支付费用，而且这些代价或费用最终也要作为收益的扣除额来得到补偿，但是资金成本只有一部分具有产品成本的性质。

（3）资金成本的基础是资金时间价值，但通常还包括投资风险价值和物价变动因素。

2. 资金成本分类

资金成本包括资金筹集费用和资金占用费用两部分。

（1）资金筹集费用指资金筹集过程中支付的各种费用，如发行股票，发行债券支付的印刷费、律师费、公证费、担保费及广告宣传费。需要注意的是，企业发行股票和债券时，支付给发行公司的手续费不作为企业筹集费用。因为此手续费并未通过企业财务账务处理，企业是按发行价格扣除发行手续费后的净额入账的。

（2）资金占用费是指占用他人资金应支付的费用，或者说是资金所有者凭借其对资金所有权向资金使用者索取的报酬。如股东的股息、红利、债券及银行借款支付的利息。

二、资金成本计算方法

1. 长期负债资金成本

长期负债包括长期银行借款，应付公司债及长期应付款。从资金成本的基本原理来讲，长期应付款与长期借款的情况类似。应付债券是在大型或特大型企业才有资质发行债券中应设的核算融资科目，对于初创企业还没有涉及此项内容。下面重点讨论长期银行借款的资金成本的计算。

长期银行借款是企业获取长期资金的重要方式之一。它的特点是偿还期长，利率在债券期限内不变，利息费用作为费用于税前列支，因而，利息可产生节税效应。对于无抵押借款来说，不存在筹资费用或筹资费用较小，可不予考虑；对于抵押借款则有筹资费用，还要考虑抵押及担保资产的机会成本。

无抵押长期借款的资金成本实际上只是税后资金占用成本，即年利息额 ×（1- 所得税率）。

【例】某企业从银行借入 50 万元，三年期，年利率为 12% 的无抵押长期借款，该企业所得税率为 25%。则：

该无抵押借款资金成本率 =12%×（1−25%）=9.0%

抵押长期借款资金成本可以把抵押条件和筹资过程中发生的相关费用作为筹资费用。

这些筹资费用包括：

①公证机构对抵押品及担保的公证费。

②担保品及抵押品的保险费。

③律师签证费。

④银行所要求的手续费。

⑤抵押设定的各种费用。

⑥其他因抵押而发生的机会成本。

【例】某企业拟定与银行商议借款 100 万元，年利息率为 10%，期限 5 年，另附房产抵押权，该企业房产抵押后的机会成本为 3%，其他筹资费用率为 1%，所得税率为 25%。

该抵押长期借款资金成本率 =10%×（1−25%）+3%+1%=11.5%

2. 优先股资金成本

股票筹资分为优先股筹资和普通股筹资。优先股是因为它对公司的股利和剩余财产优先分配而得名的。优先股的基本特点是：

①股息率是固定和稳定的，与债券利率类似，因优先股股利于税后支付，因而，优先股股利无节税效应。

②具有对股利、剩余财产的优先分配权。

③有筹资费用，如印刷费、公证费等。

【例】某企业发行优先股 100 万股，每股面值 1 元，年固定股利率 14%，以每股 2 元发行（已扣除发行费），实募资金 200 万元。

资金成本在企业投资决策中的作用表现为：资金成本可作为项目投资的折现率；资金成本是投资项目的基准收益率。与此同时，资金成本是评定企业经营成果的依据，凡是企业的实际投资收益率低于这个水平的，则应认为是经营不力，这也是向企业经营者发出了信号，企业必须改善经营管理，提高经济效益。

三、资金筹集风险

筹资风险，又称财务风险，它是指企业因借入资金而产生的丧失偿债能力的可能性和企业利润（股东收益）的可变性。企业在筹资、投资和生产经营活动各环节中无不承担一定程度的风险。企业承担风险程度因负债方式、期限及资金使用方式等不同面临的偿债压力也有所不同。因此，筹资决策除规划资金需要数量，并以合适的方式筹措到所需资金以外，还必须正确权衡不同筹资方式下的风险程度，并提出规避和防范风险的措施。

1. 资金筹集风险种类

按照筹资风险的成因不同，负债筹资风险可以分为现金性筹资风险和收支性筹资风险。

（1）现金性筹资风险

现金性筹资风险指由于现金短缺、现金流入的期间结构与债务的期限结构不相匹配而形成的一种支付风险。现金性筹资风险对企业未来的筹资影响并不大。同时由于财务处理上受权责发生制的影响，即使企业当期投入大于支出也并不等于企业就有现金流入，即它与企业收支是否盈余没有直接的关系。现金性筹资风险产生的根源在于企业理财不当，使现金预算安排不妥或执行不力造成支付危机。此外，在资本结构安排不合理、债务期限结构搭配不好时也会引发企业在某一时点的偿债高峰风险。

（2）收支性筹资风险

收支性筹资风险指企业在收不抵支的情况下出现的到期无力偿还债务本息的风险。收支性筹资风险是一种整体风险，它会对企业债务的偿还产生不利影响。从这一风险产生的原因看，一旦这种风险产生即意味着企业经营的失败，或者正处于资不抵债的破产状态。因此，它不仅是一种理财不当造成的支付风险，更主要是由于企业经营不当造成的净产量总量减少所致。出现收支性筹资风险不仅将使债权人的权益受到威胁，而且将使企业所有者面临更大的风险和压力。因此它又是一种终极风险，其风险的进一步延伸会导致企业破产。

2. 资金筹集风险的原因分析

（1）内部原因分析

①负债规模。负债规模是指企业负债总额的大小或负债在资金总额中所占比重的高低。企业负债规模大，利息费用支出增加，由于收益降低而导致丧失偿付能力或破产的可能性也增大。同时，负债比重越高，企业的财务杠杆系数（=[税息前利润/（税息前利润－利息）]）越大，股东收益变化的幅度也随之增加。所以负债规模越大，财务风险也越大。

②负债的利息率。在同样负债规模的条件下，负债的利息率越高，企业所负担的利息费用支出就越多，企业破产危险的可能性也随之增大。同时，利息率对股东收益的变动幅度也大有影响，因为在税息前利润一定的条件下，负债的利息率越高，财务杠杆系数越

大，股东收益受影响的程度也越大。

③ 负债的期限结构。负债的期限结构是指企业所使用的长短期借款的相对比重。如果负债的期限结构安排不合理，例如应筹集长期资金却采用了短期借款，或者相反，都会增加企业的筹资风险。原因在于：第一，如果企业使用长期借款来筹资，它的利息费用在相当长的时期中将固定不变，但如果企业用短期借款来筹资，则利息费用可能会有大幅度的波动；第二，如果企业大量举借短期借款，并将短期借款用于长期资产，则当短期借款到期时，可能会出现难以筹措到足够的现金来偿还短期借款的风险，此时，若债权人由于企业财务状况差而不愿意将短期借款展期，则企业有可能被迫宣告破产；第三，长期借款的融资速度慢，取得成本通常较高，而且还会有一些限制性条款。

（2）外部原因分析

① 经营风险。经营风险是企业生产经营活动本身所固有的风险，其直接表现为企业税息前利润的不确定性。经营风险不同于筹资风险，但又影响筹资风险。当企业完全用股本融资时，经营风险即为企业的总风险，完全由股东均摊。当企业采用股本与负债融资时，由于财务杠杆对股东收益的扩张性作用，股东收益的波动性会更大，所承担的风险将大于经营风险，其差额即为筹资风险。如果企业经营不善，营业利润不足以支付利息费用，则不仅股东收益化为泡影，而且要用股本支付利息，严重时企业丧失偿债能力，被迫宣告破产。

② 预期现金流入量和资产的流动性。负债的本息一般要求以现金（货币资金）偿还，因此，即使企业的盈利状况良好，但其能否按合同、契约的规定按期偿还本息，还要看企业预期的现金流入量是否足额、及时和资产的整体流动性如何，现金流入量反映的是现实的偿债能力，资产的流动性反映的是潜在偿债能力。如果企业投资决策失误，或信用政策过宽，不能足额或及时地实现预期的现金流入量，以支付到期的借款本息，就会面临财务危机。此时企业为了防止破产可以变现其资产，各种资产的流动性（变动能力）是不一样的，其中库存现金的流动性最强，而固定资产的变现能力最弱。企业资产的整体流动性不同，即各类资产在资产总额中所占比重不同，对企业的财务风险关系甚大，当企业资产的总体流动性较强，变现能力强的资产较多时，其财务风险就较小；反之，当企业资产的整体流动性较弱，变现能力弱的资产较多时，其财务风险就较大。很多企业破产不是没有资产，而是因为其资产不能在较短时间内变现，结果不能按时偿还债务，只好宣告破产。

③ 金融市场。金融市场是资金融通的场所。企业负债经营要受金融市场的影响，如

负债利息率的高低就取决于取得借款时金融市场的资金供求情况，而且金融市场的波动，如利率、汇率的变动，都会导致企业的筹资风险。当企业主要采取短期贷款方式融资时，如遇到金融紧缩，银根抽紧，短期借款利率大幅度上升，就会引起利息费用剧增，利润下降，更有甚者，一些企业由于无法支付高涨的利息费用而破产清算。

筹资风险的内因和外因，相互联系、相互作用，共同诱发筹资风险。一方面经营风险、预期现金流入量和资产的流动性及金融市场等因素的影响，只有在企业负债经营的条件下，才有可能导致企业的筹资风险，而且负债比率越大，负债利息越高，负债的期限结构越不合理，企业的筹资风险越大。另一方面，虽然企业的负债比率较高，但企业已进入平稳发展阶段，经营风险较低，且金融市场的波动不大，那么企业的筹资风险相对就较小。

股权融资和债权融资的比较如图 4-4 所示。

图 4-4　股权融资和债权融资的比较

例题

以上述的视觉营销公司为例。通过广泛的市场调查之后，并在对专业咨询公司进行咨询的基础上，计算出来创业所需要的资金数目，大约需要 20.0 万元的资金投入。两位股东从父母和亲人处筹集到了 15.0 万元的资金，剩下的 5.0 万元资金有以下两种方式可以得到：从当地的商业银行借入 5.0 万元的贷款，贷款年利率 6%；出售 25% 的股份吸收其同学赵亮入股，获得 5.0 万元的股权资本。请从筹资成本与收益的角度入手，帮视觉营销公司进行筹资决策的分析。

创业者在进行筹资决策时需要考虑许多因素，筹资的成本收益比较是其中最重要的因素之一，在不扣除所得税情况下，比较两者的税前利润。

（1）借款筹资：如果公司以借款筹资，则每年需支付利息 5 000 元（50 000×10%），从而减少其税前利润 5 000 元，如果预计公司的利润率为 20%，年度息税前利润为 40 000

元，则支付利息后的税前利润减少为35 000元。

（2）股权融资：如果通过转让股份的方式吸收赵亮同学入股，则不存在利息的支付事宜，其息税前利润依然为40 000元，但归属于原股东本人的部分只有30 000元（40 000×75%），其中的10 000元利润要归新的持股人赵亮。

由此可见，债权融资的成本相对较低，而且因为债务的杠杆作用，在企业效益较好时可以给创业者带来更高的经济利益流入。如果假定股东预计的公司利润率降为10%，年度息税前利润即由40 000元变为20 000元，则每年需要支付的利息依然为5 000元（50 000×10%），支付利息后的利润却变为15 000元；通过股权融资的成本计算，归属于原股东本人的部分只有15 000元（20 000×75%），其中的5 000元利润要归新的持股人赵亮。

股权融资的成本与债权融资成本持平，如果借款年利息高于10%时，股权融资无须归还投资，可以减少企业的资金流出，不存在财务风险；企业经营初期风险过大，现金流短缺，为避免不能按期还本付息的风险，两位股东可以吸收赵亮同学入股，取得无风险的经营资金。

要点3　资金筹集决策与风险

企业筹集资金的主要目的是顺利创办企业，扩大生产经营规模，提高经济效益，投资项目若不能达到预期效益，从而影响企业获利水平和偿债能力的风险。如果企业决策正确、管理有效，就可以实现其经营目标。在筹资过程中，企业管理者拓展投资渠道，必须谨慎，应着重进行对外投资决策控制与分析，对重大投资项目进行可行性研究。尽量以最低的成本获得充足的资金供应。创业者在筹集资金时应对债务资金、股权资金的优缺点进行比较，并考虑企业的资金需要量、资金的可得性以及控制权分散等问题来进行综合分析。

一、股权融资决策与债权融资决策

随着我国小微型企业民营经济迅速发展，已经成为社会主义市场经济的重要组成部分，在小微型民营企业不断发展壮大的过程中，也面临着较多的问题，融资难就是其中一个突出问题。企业融资应根据自身条件提前做好融资的比较与分析。

1. 股权融资决策

创业者是否要通过合伙或组建公司的形式筹集资金，对于企业日后的产权归属和企业发展有着极为重要的影响。由于合伙企业既是资合又是人合，所以对于合伙人的选择更为重要，如果创业者拟吸收合伙人的资金，则一定要认真考虑合伙人的专长和经验，以更好地发挥团队优势，各尽其才。按照目前我国的法律规定，创业者在创办公司时只能设立个人独资公司和有限责任公司。由于个人独资公司不涉及吸收他人资金，这里不作讨论。通过设立有限责任公司的形式吸引股权资金的话，由于法律对有限责任公司股权转让的限制，创业者也需要对投资人进行充分的考察，最好找到有着共同风险偏好和经营目标的合作者，以寻求更长久的合作。

不同的风险投资商会在不同行业或领域有着强于他人的专长，而且不同的风险投资商会对其投资的企业予以不同的关注和支持。在吸引风险投资商投资时，创业者要分析其专注投资的领域以及其对投资企业的态度，选择最适合企业发展的投资商。无论通过何种方式吸引股权投资，对合作者的专长和特质都要进行充分了解，以期寻求更长久的合作，谋求企业更好发展。另外，对企业控制权的把握也是创业者必须考虑的因素，转让多少控制权能够既吸引投资又有利于对企业日后经营的控制，是创业者必须慎重选择且关乎企业健康发展的最重要的问题之一。

（1）股权融资优点

- 永久性资本，保证企业最低的资金需要。
- 无固定利润分配或股利支付负担 。
- 股权融资是对债权人投资的保障，增强企业的举债能力。
- 如果企业经营出现困难，投资者会尽力帮助企业渡过难关。

（2）股权融资缺点

- 分散企业控制权。
- 融资成本高。
- 稀释投资者的投资收益，降低每元投资的投资利润。

2. 债权融资决策

创业者如果想通过借款的方式筹集资金，则在进行决策时，需要从以下几个方面进行分析。

（1）考虑经营过程中的获利是否能够超过借款的利息支出及其他费用支出。由于借款的杠杆效应，如果企业在日后的经营过程中赚取的利润能够支付借款的利息和其他费用的支出，且还有剩余，则借款经营对企业较为有利，可以给创业者带来财务杠杆收益。但如果在对日后经营进行预测时，发现企业获利不足以支付借款利息，则不但会给创业者带来杠杆损失，还可能会使企业更快地走上清算之路，这时则不应该借款。

（2）慎重考虑借款期限。贷款利率又分为半年期两档与一年期两档，并规定贷款期限半年以内的执行半年期档次利率，超过半年不足一年的执行一年期档次利率。由于借款者预测的资金需求时间及落签的借款合同期限往往与规定贷款利率所在时点不相吻合，所以实践中便自然而然地形成种种期限性贷款利率差。总之，借入资金的归还期限应与其投资的资产回收期限相匹配，保证企业在日后归还投资时，不会影响正常的生产经营。

（3）确定合理的借款金额。借款经营成本较低且具有财务杠杆效应，但每期会有固定的资金支出。创业者在决定借款前一定要对其风险和收益进行充分权衡，并根据企业实际的资金需要量确定一个合适的借款金额。借款过多会加大企业的资金流出（利息支付）并使企业的资金成本上升，资金使用不当可能还会带来较大的财务风险。而在能够借到款项时借款过少，则可能会使企业出现资金断流，加剧企业的失败风险。因为所有的债权人都嫌贫爱富，都只会锦上添花而不会雪中送炭，所以，在创业之初，在未出现资金断流时筹集资金要比急需资金时再去筹集更容易。

（4）充分考虑借款可能的支出。对于创业者来说想获得借款，一般都需要提供抵押或担保，如果创业者缺乏债权人认可的抵押资产，则可以申请担保公司为其借款进行担保。但是，担保公司作为营利性的企业会收取部分担保费用，所以，如果创业者拟通过担保公司担保的方式取得借款，则还需要将担保公司的担保费用计入未来的经营成本，以有效地避免经营风险。

（5）选择合适的银行。如果创业者有机会从银行取得借款，则需要对不同的银行进行对比，选择合适的银行。一般来说，银行都对其贷款的风险做出政策性规定，有些银行倾向于保守政策，只愿承担较小的贷款风险。企业选择银行贷款是省利息的第一步，有些银行会执行国家规定的基准利率上再上浮 30%，而有些则是执行基准利率。从中可以看出上浮的 30% 则会令企业成本上升，因此创业者应事先通过各种渠道对银行的信息进行了解，在选择贷款银行时应该货比三家，以选择最适合创业企业借款的银行。

①债权融资优点：企业控制权和所有权得到维护；可选择有利的时间归还；可以节约

自有资金；借款成本可在税前列支；通货膨胀可以减少实际还款数。

②债权融资缺点：要负担利息成本；要承担将来利润可能不足以归还借款的风险；让他人了解财务及其他一些保密信息；贷款机构（人）有可能要附加一些限制条款；如果企业经营出现困难，债权人会优先得到清偿。

二、资金筹集风险

1. 合理确定财务结构经营风险

在资金结构中，若负债的比例过大，即过度负债经营，那么依赖于外界的因素过多，也就加大了企业的经营风险和财务风险，生产经营环节稍有脱节，资金回收不及时，资金成本大幅度增加，降低了企业经营利润，削弱了企业活力，应把握好负债经营的“度”。要合理确定债务资金与自有资金、短期资金与长期资金的比例关系，并随着企业生产的变化而变化，使企业始终处于一种动态的管理过程中。合理确定企业一定时期所需筹集资金的数额是企业筹资管理的重要内容。企业一方面要筹集到足够的资金以满足企业生存和发展的需要，另一方面还要注意筹集的资金又不能过多，防止产生资金的配置风险，出现资金的闲置，增加企业的债务负担。从根本上讲，企业发生风险是由于举债导致的，一个全部用自有资本从事经营的企业只有经营风险而没有财务风险。因此，要权衡举债经营的财务风险来确定债务比率，同时还要考虑债务清偿能力，要尽量做到资金的筹集量与资金的需求量相互平衡。从大量负债经营实例中不难得出以下教训：企业经营决策失误，虽然适度举债是企业发展的必要途径，但必须以自有资金为基础，如资本结构中债务资本过大，必然导致恶性循环。同时企业偿债能力强弱是对负债经营最敏感的指标，偿债能力即企业拥有现金多少或其资产变现能力强弱；债务资本在各项目之间配置合理程度，从偿债能力看，负债比率越低，企业偿债能力越强，但未必合理，如企业借款利率小于利润率。企业应充分利用负债经营的好处，不同产业的负债经营合理程度是不一样的。

2. 正确选择筹资方式

企业的筹资方式可归为两大类，即负债筹资和股票筹资。一般来说，负债筹资资金成本相对较低，利息税前支付，但偿还风险相对较大，表现为能否及时足额地还本付息。根据利率走势，合理安排筹资。当利率处于高水平或处于由高向低过渡的时期，应尽量少筹资。对必须筹措的资金，应尽量采取浮动利率的计息方式。当利率处于低水平或由低向高过渡的时期筹资较为有利，应尽量采用固定利率的计息方式来保持较低的资金成本。股票偿还风险相对较小，股票筹资不存在还本付息的问题，它的风险只在于其使用效益的不确定性上。但是股票筹资的利息需税后支付，资金成本相对较高。

3. 选择适当的筹资时机

筹资机会是客观存在的，能否把握筹资的机会，不仅影响到筹资的效益，而且关系到筹资的风险。企业在选择筹资机会时要考虑以下几点：要与企业经济活动的周期和财务状况相匹配、要与企业的股票行市相匹配、要与企业未来现金流量相匹配。

4. 采用不同渠道确定合理的筹资结构

企业筹集的资金，由于来源、方式、期限或成本的不同，其筹资风险也不同。企业全部资金来源通常可分为自有资金和借入资金、长期资金和短期资金、内部筹资和外部筹资、直接筹资和间接筹资。应将负债经营资产收益率与债务资本成本率进行对比，只有前者大于后者，才能保证本息到期归还，实现财务杠杆收益；根据组合风险分散理论，多元化筹资可以有效地分散企业的筹资风险，单一化筹资是不现实的，也可能是非常危险的或成本很高的。筹资结构的确定就是要使筹资组合中各筹资方式所占比例，能将筹资风险最小化同时又使加权资金成本最小化。

5. 加强财务监控机制，防范金融风险

近几年，中央反复强调要加强金融监控，并加大了监管力度，但许多企业仍然收效甚微，金融风险有增无减。产生金融风险主要是重视了外部环境的制约，而对内控制度的建设抓得不够。因此，由于财务管理在企业管理中的核心地位和作用，要防范金融风险，建立内控机制，必须强调发挥财务的管理和监督职能，健全财务监控机制。不断提高财务管理人员的风险意识，财会部门除了自觉搞好规范化、标准化、制度化建设以外，还必须通过特有的核算和监督手段，去调节、制约整个企业的营运过程，使之沿着健康的轨道运行。积极参与到企业管理中去，使财会人员的理财意识不仅仅限于传统的“增收节支”，要增强理财技能，对急需研究解决的资源配置、资产重组、优化资本结构、缓解债务负担、加速资金周转、提高资金使用效率等问题，要深刻理解和认识，这必然影响到金融风险的及时化解和消除。面对不断变化的财务管理环境，企业应设置高效的财务管理机构，配备高素质的财务管理人员，健全财务管理规章制度，强化财务管理的各项基础工作，使企业财务管理系统有效运行，以防范因财务管理系统不适应环境变化而产生的财务风险。为了把好投资、融资项目关，建立健全约束机制，提高资金使用效益，规避金融风险，应成立投资、融资项目审查委员会。各下属业务单位根据需要成立审查小组，制定、实施一整套审查规定。

6. 增加获取贷款机会的方法

不论从何处筹集债权融资，创业者要增加获取款项的可能性，都需要具备一些基本的条件，并从以下几个方面入手，进行充分的准备。

（1）优秀的创业团队。创业者是创办企业的核心和关键因素，优秀的创业团队是项目成功实施的保障，创业团队需要证明其具备经营企业的能力，需要向贷款机构展示其具备拟开展业务领域里的经验或知识，以吸引债权人的目光和资金，因为债权人的资金可能会投给具有一流团队和二流项目的企业，但一般不会投给具有一流项目和二流团队的企业。所以，优秀的创业团队是吸引债权人资金的首要条件。

（2）可行的企业项目。吸收债权人资金的第二个要件是创业团队要拥有一个可行的企业想法。一个好的企业想法是实现创业者愿望和创造商业机会的第一步，但只有经过评估可行的企业想法才能够成为商业机会，给创业者带来经济和社会效益。

（3）完善的商业计划。创业者应该首先能够证明他们有明晰的企业战略，并且有通往成功之路的切实可行的行动计划。创业者或创业团队除了具备可行的企业想法外，还必须能够将具体的企业想法细化到每一个步骤、每一个预算，将其落实到具体的商业计划之中。完善的商业计划是创业者吸引资金的重要文件。创业者应该请专业人士帮其准备一份让金融机构感到值得研究的商业计划，增加获得贷款的可能性。

（4）高质量的抵押资产。按照《贷款通则》第 10 条的规定，“除委托贷款以外，贷款人发放贷款，借款人应当提供担保。”处于筹备期或初创期的企业，一般不符合贷款人要求的资信条件，难以取得信用贷款，而需要以一定的资产作抵押。如果创业者或其团队成员拥有高质量的抵押资产，则其取得贷款的概率会大大提高。

例　题

徐冬梅作为国内某高校的艺术类生，在艺术创作方面颇有天赋。她在大一学期间就开始设计艺术产品，能够较好地销售给酒店、会所、旅游景点等，市场前景广阔。于是，徐冬梅组织创业团队开发了艺术设计与制作项目并参加了省级大学生创业大赛。在大赛中，该团队的创业项目得到了很多人的好评。有家艺术品风险投资商愿意出 60 万元资金资助其创办企业，但是要求拥有企业 40% 的股权，徐冬梅团队觉得该投资商想占的股份有些过多，正当其犹豫之际，另一位投资商也看到创业大赛信息后找上门来，愿意投入40万元的现金，但只要求占20%的股份。徐冬梅创业团队决定选择后者作为自己的风险投资商。理由是：后者的出资与所占的股权比例较前者相比具有明显的优势，而且如果公司发展后，另外20%的股份价值肯定会超过20万元。

但徐冬梅创业团队开发的艺术设计与制作项目却不是想象的那样顺利，投资商初期投入的40万元现金很快就在产品研发与广告宣传方面消耗殆尽，产品的销售状况又不太乐观，资金回流困难重重。尽管公司的日常运营依然不错，公司发展前景良好，但在企业资金周转上遇到了许多困难，又很难在短期内再找到愿意合作的伙伴，公司只好在开办一年后解散了。

根据以上资料，请分析徐冬梅创业团队在进行筹资决策时还应考虑哪些方面的问题?

从本案例可以看出，徐冬梅创业团队在进行融资决策时，主要考虑了股权问题，而忽略了融资决策过程中需要考虑的其他因素，如企业需要的资金数目、后期筹集资金的可得性、试营期资本的积累速度等。

（1）徐冬梅创业团队在筹集资金时未充分考虑到企业所需的资金数量。由于过分相信自己的产品设计和经营能力，对企业创建初期遇到的困难和试营期费用的数目估计不足，所以，在面临两个投资商投资时选择了现金投入较少的后者，导致开业经营后不久资金链就断裂了。

（2）徐冬梅创业团队对企业资金筹集的难易程度分析不准。由于创办公司之前就有两家投资商主动向公司投资，使徐冬梅创业团队对企业筹资的相关问题缺乏充分的调查和论证，在根本不了解小微企业筹资有多难的情况下，选择了投资少的后者。

（3）徐冬梅创业团队对企业经营缺乏应有的谨慎。在公司经营初期，由于缺乏相关的经营经验与市场开拓的问题，在开业初期的相当长一段时间内公司经营活动现金净流量一般不多或为负数，企业内部不会形成资金的积累。这时还需要投资者继续追加投资，使资金能够收支平衡。但本案中的徐冬梅创业团队高估了创业初期的资金流入量，影响到创业项目的正常运作。

（4）徐冬梅创业团队作为创业者应该充分在控制权和企业持续发展之间进行权衡，其前提是：先将企业的生产经营持续下去，以后再寻求增加控制权的途径，而不是紧紧握住控制权不放，影响了公司的正常运作。诚然，如果能确保尽可能多股权的条件下，可以筹集到足够资金需求，股权对创业者依然是最主要的考虑因素。

项目三
创业财务核算

要点1　财务核算概述

一、财务核算意义

财务核算是以货币为主要计量单位，采用一系列专门方法，对企业实际发生的经济活动进行记录、确认、计量等，并提供真实的财务信息的一项管理活动。

（1）财务是以货币为主要计量单位的。

（2）财务是对企业实际发生的经济活动进行核算，具体表现是要有真实合法的财务凭证。

（3）财务核算具有连续性、系统性、全面性、综合性。

二、财务机构与人员

1. 财务机构

各企业、各单位应按照《中华人民共和国财务法》（简称《财务法》）的规定设置财务机构。财务机构是企业单位整个组织机构的组成部分，它与企业的供应科、生产科、销售科一样，都是企业的一个职能部门。财务机构通常叫做财务科、财务部、财务组等。在现代企业中，财务核算与财务管理职能分离，财务机构的设置要取决于企业规模的大小和财务工作的繁简程度。规模较大的企业，在财务机构内财务岗位设置较细，岗位较多。规模较小的企业，可以设置一个简单的财务机构，比如一个机构内只有一个财务和一个出纳。不具备条件设置财务机构的企业，可委托经批准设立从事财务代理记账单位中介机构代理记账。

2. 财务人员

设置一个财务机构至少要有一名会计人员和一名出纳人员。在机构内各个岗位之间应建立内部稽核制度，财务人员管“账”，出纳人员管“钱”，出纳人员不得兼任稽核、财务档案保管，以及收入、支出、费用、债权债务账目的登记工作。不具备财务从业资格的人员，不得参加财务专业技术资格考试或者评审、财务专业职务的聘任、申请取得财务人员荣誉证书。各单位不得任用不具备财务从业资格的人员从事财务工作。

三、财务对象

1. 财务对象概述

不同类型的企业，其经济活动是不同的。工业企业的经济活动一般分为筹资、供应、生产、销售和分配 5 个阶段，并形成相应的资金运动。

2. 会计要素

财务要素是财务对象的具体表现，是构建财务报表的基本指标。企业的经济活动是以交易或事项的形式表现的，这些交易或事项所反映的经济活动多种多样，人们将其中内容相同的事项加以归类——资产、负债、所有者权益、收入、费用及利润 6 个要素。

3. 会计等式

资产 = 负债 + 所有者权益

收入 − 费用 = 利润

4. 经济业务分类

经济业务分为 4 种类型：

（1）引起等式两边财务要素同时增加的经济业务。

例 题

① 阳光公司向银行借入一年期借款 60 000 元，存入银行。

② 阳光公司向供应单位购买材料 40 000 元，货款尚未支付。

（2）引起等式两边财务要素同时减少的经济业务。

例　题

① 阳光公司用银行存款偿还前欠供应单位货款 20 000 元。

② 阳光公司用银行存款偿还短期借款 30 000 元。

（3）引起资产项目内部发生增减的经济业务。

例　题

① 阳光公司用银行存款购入材料一批，价款 20 000 元。

② 阳光公司用银行存款购入固定资产一批，价款 100 000 元。

（4）引起权益项目内部发生增减的经济业务。

例　题

① 阳光公司将到期的应付票据 10 000 元转为应付账款。

② 阳光公司经批准用盈余公积 30 000 元转增资本。

要点2　财务凭证

一、财务凭证

财务凭证又称会计凭证，是指具有一定格式，用以记录经济业务的发生和完成情况，明确经济责任，作为记账依据的书面证明，是重要的财务资料。

按照填制程序和用途不同，财务凭证可划分为原始凭证和记账凭证。

二、原始凭证

原始凭证是在经济业务发生时取得或填制的，用以证明经济业务的发生或者完成情况，并作为记账原始依据的财务凭证。

1. 原始凭证的分类

（1）按取得来源分类：外来原始凭证与自制原始凭证。

（2）按填制方法分类：一次性原始凭证、累计原始凭证及汇总原始凭证。

2. 原始凭证的填制要求

基本要求为：内容完整、记录真实、填制及时、书写清楚。

3. 企业主要原始凭证

（1）增值税专用发票（样本见表 4-3）。

表 4-3　×××增值税专用发票

开票日期：　年　月　日

<table>
<tr><td rowspan="2">购货单位</td><td>名称</td><td colspan="3"></td><td colspan="9">纳税人登记号</td><td colspan="10"></td></tr>
<tr><td>地址、电话</td><td colspan="3"></td><td colspan="9">开户银行及账号</td><td colspan="10"></td></tr>
<tr><td colspan="2" rowspan="2">货物或应税劳务名称</td><td rowspan="2">计量单位</td><td rowspan="2">数量</td><td rowspan="2">单价</td><td colspan="9">金额</td><td>税率 %</td><td colspan="9">税额</td></tr>
<tr><td>百</td><td>十</td><td>万</td><td>千</td><td>百</td><td>十</td><td>元</td><td>角</td><td>分</td><td></td><td>百</td><td>十</td><td>万</td><td>千</td><td>百</td><td>十</td><td>元</td><td>角</td><td>分</td></tr>
<tr><td colspan="2"></td><td></td><td></td><td></td><td></td><td></td><td></td><td></td><td></td><td></td><td></td><td></td><td></td><td></td><td></td><td></td><td></td><td></td><td></td><td></td><td></td><td></td></tr>
<tr><td colspan="2"></td><td></td><td></td><td></td><td></td><td></td><td></td><td></td><td></td><td></td><td></td><td></td><td></td><td></td><td></td><td></td><td></td><td></td><td></td><td></td><td></td><td></td></tr>
<tr><td colspan="2"></td><td></td><td></td><td></td><td></td><td></td><td></td><td></td><td></td><td></td><td></td><td></td><td></td><td></td><td></td><td></td><td></td><td></td><td></td><td></td><td></td><td></td></tr>
<tr><td colspan="2">合　计</td><td></td><td></td><td></td><td></td><td></td><td></td><td></td><td></td><td></td><td></td><td></td><td></td><td></td><td></td><td></td><td></td><td></td><td></td><td></td><td></td><td></td></tr>
<tr><td colspan="2">价税合计（大写）</td><td colspan="22">仟 佰 拾 万 仟 佰 十 元 角 分 ¥</td></tr>
<tr><td rowspan="2">销货单位</td><td>名称</td><td colspan="3"></td><td colspan="9">纳税人登记号</td><td colspan="10"></td></tr>
<tr><td>地址、电话</td><td colspan="3"></td><td colspan="9">开户银行及账号</td><td colspan="10"></td></tr>
<tr><td>备注</td><td colspan="23"></td></tr>
</table>

第二联：发票联购货方记账

收款人：　　　　开票单位：（签章）

（2）普通发票：是相对于增值税专用发票而言的，是指在销售商品、提供或接受劳务以及从事其他经营活动时，所开具和收取的除增值税专用发票之外的其他发票。

（3）入库单：是企业购买材料、商品或自制产品验收入库时由仓库保管人员填制的原始凭证。

（4）领料单：是用料部门从仓库领出材料时由领料人填制的原始凭证。

（5）限额领料单：又称“定额领料单”，是指当月或一定期间在规定限额内可以多次使用，凭此单领发材料的一种累计凭证。

（6）工资结算单：企业为了同职工办理工资结算手续，一般可按车间、部门编制“工资结算单”，计算对每一职工的应付工资、代扣款项和实发工资。

（7）借款单：是指单位内部所属机构为购买零星办公用品或职工因公出差等原因向出纳员借款时使用的借款原始凭证。

（8）现金支票：是出票人签发的，委托办理支票存款业务的银行在见票时无条件支付特定金额给收款人或者持票人的票据。

（9）转账支票：转账支票的填写方法与现金支票基本相同，但转账支票还要再填写一份一式三联的“进账单”。“进账单”上应正确地填写对方的公司名称和账号等相关内容。

4. 原始凭证的审核

（1）审核原始凭证的合法性。

（2）审核原始凭证的合理性。

（3）审核原始凭证的完整性。

（4）审核原始凭证的正确性。

（5）审核原始凭证的真实性。

三、记账凭证

记账凭证是会计人员根据审核无误的原始凭证或汇总原始凭证，用来确定经济业务应借、应贷的财务科目和金额而填制的，作为登记账簿直接依据的财务凭证。

（1）专用记账凭证

专用记账凭证分为收款凭证、付款凭证、转账凭证。

（2）通用记账凭证

通用记账凭证既可以反映收付款业务，又可以反映转账业务的记账凭证，其格式与转账凭证相同。经济业务简单或收付款业务不多的单位可使用这种通用格式的记账凭证如表4-4所列。

表 4-4　通用记账凭证

摘要	总账科目	明细科目	√	借方金额	√	贷方金额

附件××张

四、财务凭证的传递与保管

1. 财务凭证的传递

财务凭证的传递是指财务凭证从填制到归档保管的整个过程中，在单位内部各有关部门和人员之间的传递程序和传递时间。

2. 管财务凭证的保管

每月记账完毕，要将本月各种记账凭证加以整理，检查有无缺号和附件是否齐全，然后按顺序号排列，装订成册，并指定专人负责。

要点3　财务账簿

按照《中华人民共和国财务法》的规定，“各单位必须依法设置财务账簿，并保证其真实、完整”。“财务账簿、财务报告和其他财务资料，必须符合国家统一的财务制度的规定。”对于不依法设置财务账簿、私设财务账簿、登记财务账簿不符合规定以及伪造、变造财务账簿的行为根据情节轻重分别给予行政处分和经济处罚，严重的要追究刑事责任。

一、财务账簿

财务账簿又称会计账簿，是指由具有一定格式、按一定形式相互联结的账页组成的，以财务凭证为依据，对全部经济业务进行记录与核算的簿籍。

二、财务账簿的种类

1. 财务账簿按用途分类

（1）序时账簿

序时账簿，也称日记账，是按照经济业务发生或完成时间的先后顺序，逐日逐笔进行登记的账簿，序时账簿按照记录的内容不同，可分为普通日记账和特种日记账。

（2）分类账簿

分类账簿，是对全部经济业务事项按总分类账户和明细分类账户进行分类登记的账簿。

（3）辅助账簿

辅助账簿，也称备查账簿，是对某些在序时账簿和分类账簿中未能登记或登记不够详细的经济业务事项进行补充登记的账簿。

2. 财务账簿按外表形式分类

财务账簿按外表形式可以分为订本式账簿、活页式账簿、卡片式账簿。

3. 财务账簿按账页格式分类

财务账簿按账页格式可以分为三栏式明细分类账、多栏式明细分类账、数量金额式明细分类账。

三、账簿的设置与登记

1. 账簿的设置

（1）现金日记账

现金日记账通常使用订本式账簿，由设有“借方（或收入）”“贷方（或支出）”“余额

（或结余）”三栏式结构的账页组成。

（2）银行存款日记账一般采用订本式账簿，由设有“借方（或收入）”“贷方（或支出）”“余额（或结余）”三栏式基本结构的账页组成。

（3）总分类账

总分类账一般只提供货币指标，通常采用三栏式订本账簿，其基本结构为“借方”“贷方”“余额”三栏如表 4-5 所列。

表 4-5　总分类账 1

财务科目　　　　第　页

年		记账凭证		摘　要	借方	贷方	借或贷	余额
月	日	种类	号数					

（4）三栏式明细分类账

三栏式明细分类账的格式与总分类账的格式相同，也使用“借方”“贷方”“余额”三栏式账页，如表 4-6 所列。

表 4-6　×××明细账 1

×××明细账

类　别：　　品名和规格：　　编　号

计量单位：　　存放地点：　　第　页

年		记账凭证		摘要	借方			贷方			余额		
月	日	种类	号数		数量	单价	金额	数量	单价	金额	数量	单价	金额

（5）多栏式明细分类账

多栏式明细分类账，一般在“借方”或“贷方”栏下设立若干专栏，也可在借、贷双方栏下分别设立若干栏，以便集中反映各账户有关明细项目的详细资料，如表 4-7 所列。

表 4-7　×××明细账 2

×××明细账　　　　第　页

年		记账凭证		摘要	借（贷）方					贷（借）方	余额
月	日	种类	号数					……	合计		

（6）数量金额式明细分类账

数量金额式明细分类账也采用“借方”“贷方”“结存”三栏式的基本结构，但在每栏下面，又分别设置“数量”“单价”“金额”三个小栏目。

2. 账簿登记内容

小企业的财务账簿至少应当对现金余额、应收款项、存货、机器设备等资产情况和应发工资、应付款项、应交税费、银行借款等负债情况以及企业的收入、费用和利润等情况进行记录。

3. 账簿登记规则

（1）财务人员必须根据审核无误的财务凭证及时登记各种账簿。

（2）登记账簿后，应在记账凭证的“记账”或“过账”栏内注明账簿的页数或用“√”符号表示已登记入账，并在相应的记账凭证上签章。

（3）登记账簿时必须使用蓝、黑或者碳素墨水书写，不得使用铅笔或圆珠笔（银行的复写账簿除外）。

（4）账簿记录的文字必须清晰、端正，摘要内容清楚、简洁；数字书写规范。

（5）登记账簿必须按照事先编定的页次，逐页、逐行顺序连续记录，不得隔页、缺号、跳行。

（6）各账户结出余额后，应当在“借或贷”栏内写明“借”或“贷”等字样。没有余额的账户用“0”表示。

（7）每一账页登记完毕，应在本账页最末一行加计本页发生额及余额。

（8）账簿记录发生错误时，按照规定的更正错账的方法予以更正。

四、结账

结账分为月度结账、季度结账及年度结账。一般来讲，初创企业每月做月度结账，然后就是年度结账。

1. 月度结账

月度结账以日常会计凭证为基础，要求日常的会计凭证数据和分录准确无误，因此建议在月度结账时重新进行核对，主要核对以下内容：

（1）核对打印纸质凭证与计算机账套中的凭证是否一致。

包括所有项目凭证号、科目、金额，可以通过一张张地核对以保证计算机账套与原始凭证相一致。因为计算机账套凭证可以重复打印，会存在更正过的凭证没有重新打印，纸质凭证与凭证不一致的情况。计算机账套凭证作废有误或删除计算机凭证顺序重排后，纸质凭证与计算机账套凭证不符。

（2）通过核对可以检查会计科目处理的正确性，编号是否连号以及会计凭证附件是否齐全，以及内容是否合规。

一般实践中所有凭证都有第二人进行计算机账套的复核和手工凭证上的签字，但对于月结结账工作还应加强稽查，一般由总账或会计主管进行此项检查，重点在于科目处理的合理性和凭证附件的合法性。

（3）科目处理特别是明细科目处理的合理性是企业在现实中内部报表正确性的基础。对此应该由经验丰富的会计主管或经理进行核查，并通过此项检查发现财务团队账务处理的弱点，通过培训来完善，以提高财务团队整体的水平。

2. 季度结账

在每季末，根据账簿记录进行结账，编制会计报表。季度报表只需要计算季度发生额，即利润表。资产负债表就是季度末的月份报表。初创企业涉及较少，这里不再赘述。

3. 年度结账

在每年末结账时，各账户进行月结的同时，为了反映全年各项资产、负债及所有者权益增减变动的全貌，便于核对账目，要将所有总账账户结计全年发生额和年末余额。结转下年时，凡是有余额的账户，都应在年末“本年累计”行下面画通栏双红线，并在下面摘要栏注明“结转下年”字样，不需编制记账凭证，但必须把年末余额转入下年新账。转入下年新账时，应在账页第一行摘要栏内注明“上年结转”字样，并在余额栏内填写上年结转的余额。

五、财务账簿的保管

（1）财务账簿、财务凭证和财务报表等都是企业的重要档案，必须妥善保管，不得任意丢失和销毁。

（2）对于活页账簿，财务人员应在年末结账后装订成册，并加上封面，统一编号后并归档。

（3）各种账簿应按年度分类归档，保证各种账簿的安全和完整。

（4）各种账簿的保管年限和销毁的审批程序，应按财务制度规定严格执行。

要点4　财务报表

一、财务报表概述

1. 财务报表的含义

财务报表是根据账簿上记录的资料，经过整理、归类、汇总而编制的，能反映企业某一特定时点的财务状况以及一定时期的经营成果和现金流动情况的书面文件。

2. 财务报表的作用

（1）为企业的投资者进行投资决策提供必要的信息资料。

（2）为企业的债权人提供有关企业债务偿还能力和支付能力的信息资料。

（3）为有关政府部门进行宏观调控，制定经济政策提供依据。

（4）为企业的经营者和职工对企业进行日常管理活动提供必要的信息资料。

（5）为其他报表使用者提供财务参考信息。

二、财务报表分类

1. 按反映的内容分类

按反映的内容不同，财务报表可分为资产负债表、利润表、现金流量表、其他各种附表。

2. 财务报表按编报时间不同分类

财务报表按编报时间不同可以分为月报表、季报表、年报表。

3. 财务报表按编制单位不同分类

财务报表按编制单位不同可分为基层报表、汇总报表、合并报表。

三、编制财务报表前的基础工作

（1）结清账户结账之前，企业对所有已经发生的收入、支出、债权、债务、应该摊销或预提的费用以及其他已经发生并完成的经营活动和财务收支事项应已全部登记入账，在此基础上结出所有总账和明细账余额。

（2）对账并进行检查各种账簿记录。在编表之前必须进行审查核对，做到账账相符、账证相符；对财产物资进行盘点清查，并进行相关账务处理，以求账实相符。

（3）编制余额试算平衡表。

四、财务报表的编制

（一）资产负债表

1. 资产负债表的含义

企业资金运动处于静态时，表现为一定时点上的资产总值和权益总值（包括负债和所有者权益），体现了资金的使用和资金的来源两个方面，其中，资产各项目反映了资金的使用情况，负债和所有者权益各项目则反映了资金的来源情况。

2. 资产负债表的作用

资产负债表较全面地提供了企业在某一特定日期的财务状况，包括企业所拥有的各种经济资源（资产），企业所负担的债务（负债）以及企业所有者在企业里所享有的权益（所有者权益）。资产负债表的重要作用主要体现在以下几个方面：

（1）有助于了解企业所掌握的经济资源及其分布情况。资产负债表资产方反映了企业所拥有或控制的经济资源总额。企业占用的经济资源反映了企业的未来经济利益，据此，信息使用者可以了解、判断企业的规模、实力及未来的发展能力。由于不同的经济资源给企业带来的未来经济利益的大小是不一样的，资产负债表通常将企业拥有的资产按经济性质、用途等进行分类。信息使用者可据此了解企业所拥有或控制的经济资源的具体构成情况，判断其经济资源的结构是否合理。

（2）有助于分析、评价、预测企业的偿债能力。偿债能力是指企业以其资产偿付债务的能力，一般分为短期偿债能力和长期偿债能力两种。在资产负债表中，资产、负债等项目通常按其流动性大小排列，这种排列方式有助于信息使用者评估不同类别资产的变现能力，预测未来现金流入的金额、时间及其不确定性；有助于评估不同类别负债偿还的先后顺序，预测未来现金流出的金额、时间顺序及其不确定性；有助于根据有关资产项目和负债项目的对比来评价企业的短期偿债能力。

（3）有助于预测企业未来的财务趋势。信息使用者通过企业债务规模、债务结构以及与所有者权益的对比，可以分析企业向投资者及其债权人筹措资金的能力；通过对企业利润及营业收入和资产总额等的分析，可预测企业未来的发展趋势。

3. 资产负债表的格式

根据财务报表列报准则的规定，资产负债表采用账户式的格式。报告式资产负债表是将报表项目自上而下排列，最上方列示资产项目，接着列示负债项目，最下方列示所有者权益项目。《资产负债表（简表）的格式》如表 4-8 所列。

表 4-8 资产负债表（简表）的格式

资产负债表　　会企 01 表　　编制单位：　　年　月　单位：元

资产	期末余额	年初余额	负债和所有者权益	期末余额	年初余额
流动资产：			流动负债：		
货币资金			短期借款		
应收账款			应付账款		
预付款项			预收款项		
应收利息			应付职工薪酬		
应收股利			应交税费		

续表

资产	期末余额	年初余额	负债和所有者权益	期末余额	年初余额
其他应收款			应付利息		
存货			应付利润		
一年内到期的非流动资产			其他应付款		
其他流动资产			一年内到期的非流动负债		
流动资产合计			其他流动负债		
			流动负债合计		
非流动资产：			非流动负债：		
长期应收款			长期借款		
长期股权投资			其他非流动负债		
固定资产			非流动负债合计		
在建工程			负债合计		
工程物资			所有者权益		
			实收资本		
无形资产			资本公积		
其他非流动资产			盈余公积		
非流动资产合计			未分配利润		
			所有者权益合计		
资产合计			负债和所有者权益总计		

4. 资产负债表的基本原理

企业资金的使用和资金的来源之间存在平衡关系，表现为“资产 = 负债 + 所有者权益”。这一基本财务等式既是资金平衡的理论依据，也是编制资产负债表的理论基础。

5. 资产类项目的填报方法及内容

“货币资金”项目反映企业“库存现金”“银行存款”“其他货币资金”的合计。

“应收账款”项目反映企业因销售商品、提供劳务等经营活动应收取的款项。

“预付款项”项目反映企业按照购货合同规定预付给供应单位的款项等。

“应收利息”项目反映企业应收取的债券投资等的利息。

“应收股利”项目反映企业应收取的现金股利和应收取其他单位分配的利润。

“其他应收款”项目反映企业除应收账款、预付账款、应收股利、应收利息等经营活动以外的其他各种应收、暂付的款项。

“存货”项目反映企业期末在库、在途和在加工中的各种存货的可变现净值，包括原材料、库存商品等的价值。

“一年内到期的非流动资产”项目反映企业将于一年内到期的非流动资产项目金额。

“其他流动资产”项目反映企业除货币资金、应收账款、应收利息、应收股利、其他应收款、存货等流动资产以外的其他流动资产。

“长期应收款”项目反映企业融资租赁产生的应收款项、采用递延方式具有融资性质的销售商品和提供劳务等产生的长期应收款项等。

“长期股权投资”项目反映企业持有的对子公司、联营企业和合营企业的长期股权投资。

“固定资产”项目反映企业各种固定资产原价减去累计折旧和累计减值准备后的净额。

“在建工程”项目反映企业期末各项未完工程的实际支出，包括交付安装的设备价值、未完工建筑安装工程已耗用的材料、工资和费用支出、预付出包工程的价款等可收回金额。

“工程物资”项目反映企业尚未使用的各项工程物资的实际成本。

“无形资产”项目反映企业持有的无形资产，包括专利权、非专利技术、商标权、著作权、土地使用权等。

“其他非流动资产”项目反映企业除长期股权投资、固定资产、在建工程、工程物资、无形资产等资产以外的其他非流动资产。

6. 负债类项目的填报方法及内容

“短期借款”项目反映企业向银行或其他金融机构等借入的期限在一年以下（含一年）

的各种借款。

“应付账款”项目反映企业因购买材料、商品和接受劳务供应等经营活动应支付的款项。

“预收款项”项目反映企业按照销货合同规定预收购货单位的款项。

“应付职工薪酬”项目反映企业根据有关规定应付给职工的工资、职工福利、社会保险费、住房公积金、工会经费、职工教育经费、非货币性福利、辞退福利等各种薪酬。

“应交税费”项目反映企业按照税法规定计算应交纳的各种税费，包括增值税、消费税、营业税、所得税、资源税、土地增值税、城市维护建设税、房产税、土地使用税、车船使用税、教育费附加、矿产资源补偿费等。

“应付利息”项目反映企业按照规定应当支付的利息，包括分期付息到期还本的长期借款应支付的利息、企业发行的企业债券应支付的利息等。

“应付利润”项目反映企业分配的利润。

“其他应付款”项目反映企业除应付票据、应付账款、预收款项、应付职工薪酬、应付股利、应付利息、应交税费等经营活动以外的其他各项应付、暂收的款项。

“长期借款”项目反映企业向银行或其他金融机构借入的期限在一年以上（不含一年）的各项借款。

“其他流动负债”项目反映企业除短期借款、交易性金融负债、应付票据、应付账款、应付职工薪酬、应交税费等流动负债以外的其他流动负债。

“一年内到期的非流动负债”项目，反映企业非流动负债中将于资产负债表日后一年内到期部分的金额，如将于一年内偿还的长期借款。

“其他非流动负债”项目反映企业除长期借款、应付债券等负债以外的其他非流动负债。

7. 所有者权益类项目的填报方法及内容

“实收资本”项目反映企业各投资者实际投入的资本（或股本）总额。

“资本公积”项目反映企业资本公积的期末余额。

“盈余公积”项目反映企业盈余公积的期末余额。

“未分配利润”项目反映企业尚未分配的利润。

例题

1. 黎明创业公司2015年9月份发生的经济业务，2015年9月末账户余额表如表4-9所列。

表4-9　账户余额表

编制单位：黎明创业公司　　　　2015年9月30日　　　　单位：元

借方	期末余额	年初余额	负债和所有者权益	期末余额	年初余额
库存现金	5 000		短期借款	60 000	
银行存款	35 000		应付账款	50 000	
应收账款	20 000		其他应付款		
其他应收款			应付职工薪酬		
原材料	150 000		应交税费	10 000	
库存商品	120 000		应付利息		
周转材料	10 000		其他流动负债		
长期股权投资			长期借款	30 000	
固定资产	340 000		累计折旧	30 000	
长期待摊费用			实收资本	500 000	
在建工程			资本公积		
无形资产			盈余公积		
			本年利润		
借方余额总计	680 000		贷方余额总计	680 000	

2. 黎明创业2015年8月31日公司资产负债情况表如表4-10所列。

表 4-10　资产负债情况表

编制单位：黎明创业公司　　2015 年 8 月 31 日　　单位：　元

资产	期末余额	年初余额	负债和所有者权益	期末余额	年初余额
流动资产：			流动负债：		
货币资金	30 000	25 000	短期借款	50 000	40 000
应收账款	10 000	5 000	应付账款	10 000	10 000
存货	260 000	250 000	应付职工薪酬	0	
一年内到期的非流动资产	0		应交税费	10 000	0
其他流动资产	0		一年内到期的非流动负债	0	
			其他流动负债	0	
流动资产合计	300 000	280 000	流动负债合计	70 000	50 000
非流动资产：			非流动负债：		
长期股权投资	0		长期借款	30 000	30 000
固定资产	300 000	300 000	其他非流动负债	0	
减：累计折旧	30 000				
无形资产	0		非流动负债合计	30 000	30 000
其他非流动资产	0		负债合计	100 000	80 000
非流动资产合计	300 000	300 000	所有者权益		
			实收资本	500 000	500 000
			资本公积	0	
			盈余公积	0	
			未分配利润	0	
			所有者权益合计	500 000	500 000
资产总计	600 000	580 000	负债和所有者权益总计	600 000	580 000

要求：根据以上资料编制该公司 2015 年 9 月份的资产负债表。

3. 编制的资产负债表

根据以上资料编制该公司2015年9月30日的资产负债表。黎明创业公司2015年9月份的资产负债表如表4-11所列。

表4-11 资产负债表

编制单位：黎明创业公司　　2015年9月30日　　单位：　元

资产	期末余额	年初余额	负债和所有者权益	期末余额	年初余额
流动资产：			流动负债：		
货币资金	40 000	25 000	短期借款	60 000	40 000
应收账款	20 000	5 000	应付账款	50 000	10 000
存货	280 000	250 000	应付职工薪酬	0	
一年内到期的非流动资产	0		应交税费	10 000	0
其他流动资产	0		一年内到期的非流动负债	0	
			其他流动负债	0	
流动资产合计	340 000	280 000	流动负债合计	120 000	50 000
非流动资产：			非流动负债：		
长期股权投资	0		长期借款	30 000	30 000
固定资产	340 000	300 000	其他非流动负债	0	
减：累计折旧	30 000				
无形资产	0		非流动负债合计	30 000	30 000
其他非流动资产	0		负债合计	150 000	80 000
非流动资产合计	310 000	300 000	所有者权益		
			实收资本	500 000	500 000
			资本公积	0	
			盈余公积	0	
			未分配利润	0	
			所有者权益合计	500 000	500 000
资产总计	650 000	580 000	负债和所有者权益总计	650 000	580 000

（二）利润表

1. 利润表的含义

利润表又称损益表，是反映企业一定财务期间（如月度、季度、半年度或年度）生产经营成果的财务报表。它把企业一定期间的收入与同一期间相关的费用进行配比，计算出该特定期间的净利润（或净亏损）。

2. 利润表的作用

通过利润表，可以反映企业一定财务期间的收入实现情况；可以反映一定财务期间的费用耗费情况；可以反映企业生产经营活动的成果，即，净利润的实现情况；将销货成本与存货平均余额进行比较，计算出存货周转率；可以将净利润与资产总额进行比较，计算出资产收益率等；可以表现企业资金周转情况以及企业的盈利能力和水平，便于财务报表使用者判断企业未来的发展趋势，为决策的依据或参考。

3. 利润表的格式

多步式利润表实际上是运用财务核算原则中的配比原则，即把收入和为了取得收入所发生的费用，按性质加以归类，按利润形成的主要环节列示一些中间性指标，分步计算出当期净损益。由于利润是分步计算出来的，所以称这种利润表为多步式利润表。在我国使用的是多步式利润表，其格式如表 4-12 所列。

表 4-12　利润表

会企 02 表

编制单位：　　　　　　　　　　　　年　　月　　　单位：　元

项目	本期金额	上期金额
一、营业收入		
减：营业成本		
营业税金及附加		
销售费用		
管理费用		
财务费用		
加：投资收益		
加：补贴收入		

续表

项目	本期金额	上期金额
二、营业利润（亏损以"—"号填列）		
加：营业外收入		
减：营业外支出		
三、利润总额（亏损以"—"号填列）		
减：所得税费用		
四、净利润（净亏损以"—"号填列）		

4. 利润表的基本原理

利润表是根据"收入－费用＝利润"的基本关系来编制的，其具体内容取决于收入、费用、利润等财务要素及其内容，利润表项目是收入、费用和利润要素内容的具体体现。从反映企业经营资金运动的角度看，它是一种反映企业经营资金动态表现的报表，主要提供有关企业经营成果方面的信息，属于动态财务报表。

5. 利润表的主要内容

（1）构成主营业务利润的各项要素。从主营业务收入出发，减去为取得主营业务收入而发生的相关费用、税金后得出主营业务利润。

（2）构成营业利润的各项要素。营业利润在主营业务利润的基础上，加上其他业务利润，减去营业费用、管理费用、财务费用后得出。

（3）构成利润总额（或亏损总额）的各项要素。利润总额（或亏损总额）在营业利润的基础上加（减）投资收益（损失）、补贴收入、营业外收支后得出。

（4）构成净利润（或净亏损）的各项要素。净利润（或净亏损）在利润总额（或亏损总额）的基础上，减去本期计入损益的所得税费用后得出。

在利润表中，企业通常按各项收入、费用以及构成利润的各个项目分类分项列示，也就是说收入按其重要性进行列示，主要包括主营业务收入、其他业务收入、投资收益、补贴收入、营业外收入；费用按其性质进行列示主要包括主营业务成本、主营业务税金及附加、营业费用、管理费用、财务费用、其他业务支出营业外支出、所得税等；利润按营业利润、利润总额和净利润等利润的构成分类分项列示。

例题

1. 黎明创业公司 2015 年 12 月各项目的账户的发生额如下：

（1）主营业务收入 100 万元；

（2）主营业务成本 60 万元；

（3）营业税金及附加 3 万元；

（4）其他业务收入 12 万元；

（5）其他业务成本 9 万元；

（6）销售费用 6 万元；

（7）管理费用 5.2 万元；

（8）财务费用 2 万元；

（9）投资收益 1 万元；

（10）补贴收入 2 万元；

（11）营业外收入 1.2 万元；

（12）营业外支出 1 万元。

要求：（1）根据以上各项目的账户的发生额编制利润表；（2）计算出公司的利润总额，所得税费用（所得税率为 25%）及净利润。黎明创业公司利润表如表 4-13 所列。

表 4-13　利润表

会企 02 表

编制单位：黎明创业公司　　2015 年 12 月　单位：元

项目	本期金额	上期金额
一、营业收入	1120 000	
减：营业成本	690 000	
营业税金及附加	30 000	
销售费用	60 000	
管理费用	52 000	
财务费用	20 000	
加：投资收益	10 000	
加：补贴收入	20 000	
二、营业利润（亏损以“—”号填列）	298 000	
加：营业外收入	12 000	

续表

项目	本期金额	上期金额
减：营业外支出	10 000	
三、利润总额（亏损以“—”号填列）	3 000 000	
减：所得税费用	75 000	
四、净利润（净亏损以“—”号填列）	225 000	

2. 编制的利润表及答案

（1）根据以上资料编制该公司 2015 年 12 月份的利润表。

（2）公司的利润总额，所得税费用（所得税率为 25%）及净利润。

利润总额 = 主营业务收入 100 万元 − 主营业务成本 60 万元 − 营业税金及附加 3 万元 + 其他业务收入 12 万元 − 其他业务成本 9 万元 − 销售费用 6 万元 − 管理费用 5.2 万元 − 财务费用 2 万元 + 投资收益 1 万元 + 补贴收入 2 万元 + 营业外收入 1.2 万元 − 营业外支出 1 万元 =30 万元

所得税费用 =30 万元 ×25%=7.5 万元

净利润 =30 万元 −7.5 万元 =22.5 万元

要点5　财务管理与分析

一、财务管理目标

企业组织形式不同，在财务管理目标的定位和表述上也可能不尽相同。但一般在理论上，财务管理目标至少存在着以下的表述方式。

1. 利润最大化

以利润最大化为财务管理目标，意味着企业生产经营所涉及的各项财务决策都必须以能否带来利润、能带来多少利润为判断依据。

2. 股东财富最大化

股东财富最大化是指通过财务上的合理运营，为股东带来更多财富。该目标强调财务管理的终极服务对象是股东。

为实现企业利润最大化或股东财富最大化的整体目标，需要将其分解为财务管理活动的具体目标。如企业筹资管理的目标可表述为在满足生产经营需要的情况下，不断降低资金成本和财务风险；投资管理的目标可表述为认真进行投资项目的可行性研究，力求提高投资报酬，降低投资风险；企业运营资金的管理目标可表述为合理使用资金，加速资金周转，不断提高资金的利用效率；利润管理的目标可表述为通过采取各项措施，努力提高企业利润水平，合理分配企业利润。企业经营者应当以财务管理目标为依据，进行各项生产经营决策，不断提高企业利润，增加股东财富。

二、企业运营资金需求量预测

资金需求量预测是指企业根据生产经营的需求，对未来所需资金的估计和推测，它是企业制定融资计划的基础。企业所需要的这些资金，一部分来自企业内部，另一部分通过外部融资取得。企业筹集资金，首先要对资金需求量进行预测，即对企业未来组织生产经营活动的资金需要量进行估计、分析和判断，它是企业制定融资计划的基础。

1. 定性预测法

定性预测法是根据调查研究所掌握的情况和数据资料，凭借预测人员的知识和经验，对资金需求量所作的判断。这种方法一般不能提供有关事件确切的定量概念，而主要是定性地估计某一事件的发展趋势、优劣程度和发生的概率。定性预测是否正确，完全取决于预测者的知识和经验。在进行定性预测时，虽然要汇总各方面人士的意见和综合地说明财务问题，但也需将定性的财务资料进行量化，这并不改变这种方法的性质。定性预测主要是根据经济理论和实际情况进行理性的、逻辑的分析和论证，以定量方法作为辅助；一般在缺乏完整、准确的历史资料时采用。

2. 定量预测法

定量预测法是指以资金需求量与有关因素的关系为依据，在掌握大量历史资料的基础上选用一定的数学方法加以计算，并将计算结果作为预测的一种方法。定量预测方法有很多，如趋势分析法、相关分析法、线性规划法，等等，下面主要介绍两种预测方法。

（1）资金习性法

所谓资金习性，是指资金占用量与产品产销量之间的依存关系。按照这种关系，可将占用资金区分为不变资金、变动资金和半变动资金。不变资金是指在一定的产销规模内不随产量（或销量）变动的资金，主要包括为维持经营活动展开而占用的最低数额的现金、原材料的保险储备、必要的成品储备和厂房、机器设备等固定资产占用的资金。变动资金是指随产销量变动而同比例变动的资金，一般包括在最低储备以外的现金、存货、应收账款等所占用资金。半变动资金是指虽受产销量变动的影响，但不呈同比例变动的资金，如一些辅助材料上占用的资金，等等，半变动资金可采用一定的方法划分为不变资金和变动资金两部分。

（2）销售百分比法

销售百分比法是一种在分析报告年度资产负债表有关项目与销售额关系的基础上，根据市场调查和销售预测取得的资料，确定资产、负债和所有者权益的有关项目占销售额的百分比，然后依据计划期销售额及假定不变的百分比关系预测计划期资金需求量的一种方法。

3. 资金需求量的回归分析预测法

回归分析预测法是假定资金需求量与销售额之间存在线性关系，然后根据历史资料，用最小二乘法确定回归直线方程的参数，利用直线方程预测资金需要量的一种方法。其预测模型为：

$$y=a+bx$$

式中，y——资金需求量；

x——销售额；

a——固定的资金需求量（即不随销售额增加而变化的资金需求量）

b——变动资金率（即每增加 1 元的销售额需要增加的资金）。

三、现金流管理

企业现金流量管理水平往往是决定企业存亡的关键所在，现金不仅促使企业持续经营，还可以壮大企业。加强对企业现金流的管理，确保企业随时有足够的现金来支持经营以及支付债务，是企业财务管理的最基本原则之一。创业者可以借助现金预算的手段，结合企业以往经验，通过精确地预测未来的现金流状况，确定合理的现金预算额度和最佳现金持有量，保证充足的流动性。

编制现金预算通常采用的方法是现金收支全额法。这一方法是把计划期内涉及资金流动的财务活动全部加以反映。其基本结构可分为四大组成部分：预期资金流入、预期资金流出量、期末资金净流量和资金融通与调剂。

1. 预期资金流入

预期资金流入的主要来源是产品销售收入，其次是其他业务收入、营业外收入以及投资收益等。投资者追加投入、吸收风险投资等也是企业预期资金流入的重要渠道，在预计现金流量时需予以考虑。

2. 预期资金流出量

预期资金流出量包括采购直接材料的现金支出、直接人工支出、制造费用、销售费用和管理费用、还本付息、分红以及购买固定资产等项目中的现金支出。这些支出的数据分别来源于直接材料采购预算、直接人工预算、制造和营业费用预算、其他现金支出预算等。

3. 期末现金净流量和资金融通与调剂

预期现金收入合计减去支出合计，就是期末的现金净流量。若期末现金净流量为正数，说明现金溢余，企业可根据需要与可能，用于偿还过去的借款，或进行短期投资，但还款或投资后，仍需保持最低现金余额，以保证企业的资金供应；若期末现金净流量为负数，说明现金不足，企业需从外部筹集资金，如向银行取得新借款或发行债券或股票等方式筹资，以满足企业经营业务的需要。

四、现金预算

现金预算的编制是以各项营业预算和资本预算为基础的，它反映各预算期的收入款项和支出款项，并作对比说明。

现金预算可以是年度现金预算，也可以是月度现金预算，如果采用计算机进行编制，还可以按日进行，以更好地监控企业每日的现金流入流出数量。

现金预算的格式如表 4-14 所列。

表 4-14　现金预算

单位：　元

时　　间	1月	2	3	4	5	6	7	8	9	10	11	12	全年
期初现金余额 加：销货现金收入 其他现金流入 可供使用现金													
减各项支出： 直接材料费 直接人工费 制造费用 营业费用 所得税费用 购买设备、厂房 支出合计													
现金多余或不足													
借款融资 归还借款 借款利息 期末现金余额													

五、财务分析

财务分析是以财务核算和报表资料及其他相关资料为依据，采用一系列专门的分析技术和方法，对企业等经济组织过去和现在有关筹资活动、投资活动、经营活动、分配活动的盈利能力、营运能力、偿债能力和增长能力状况等进行分析与评价的经济管理活动。它是为企业的投资者、债权人、经营者及其他关心企业的组织或个人了解企业过去、评价企业现状、预测企业未来做出正确决策提供准确的信息或依据的经济应用学科。

财务分析的方法与分析工具众多，具体应用应根据分析者的目的而定。最经常用到的还是围绕财务指标进行单指标、多指标综合分析。

（一）比较分析法

比较分析法，是通过对比两期或连续数期财务报告中的相同指标，确定其增减变动的方向、数额和幅度，来说明企业财务状况或经营成果变动趋势的一种方法。

1. 不同时期财务指标的比较

不同时期财务指标的比较主要有以下两种方法。

（1）定基动态比率：是以某一时期的数额为固定的基期数额而计算出来的动态比率。

（2）环比动态比率：是以每一分析期的数据与上期数据相比较计算出来的动态比率。

2. 财务报表的比较

财务报表项目构成的比较是以财务报表中的某个总体指标作为100%，再计算出各组成项目占该总体指标的百分比，从而比较各个项目百分比的增减变动，以此来判断有关财务活动的变化趋势。

（二）比率分析法

比率分析法是通过计算各种比率指标来确定财务活动变动程度的方法。比率指标的类型主要有构成比率、效率比率和相关比率三类。

1. 构成比率

构成比率又称结构比率，是某项财务指标的各组成部分数值占总体数值的百分比，反映部分与总体的关系。

2. 效率比率

效率比率，是某项财务活动中所费与所得的比率，反映投入与产出的关系。

3. 相关比率

相关比率，是以某个项目和与其有关但又不同的项目加以对比所得的比率，反映有关经济活动的相互关系。

（三）因素分析法

因素分析法是依据分析指标与其影响因素的关系，从数量上确定各因素对分析指标影响方向和影响程度的一种方法。因素分析法具体有两种：连环替代法和差额分析法。

1. 连环替代法

连环替代法是指确定因素影响，并按照一定的替换顺序逐个因素替换，计算出各个因素对综合性经济指标变动程度的一种计算方法。

连环替代分析法是按顺序用各项因素的实际数替换基数，据以计算各项因素影响程度的一种分析方法。采用这种方法，首先以被分析指标的实际数与基数(如计划数或上期实际数)进行对比，并以比较结果作为分析对象，利用因素替换找出影响分析对象变动的因素及程度。

2. 差额分析法

差额分析法就是直接利用各因素的预算(计划)与实际的差异来按顺序计算，确定其变动对分析对象的影响程度。差额分析法是从连环替代法简化而成的一种分析方法的特殊形式，可以说是利用各个因素的比较值与基准值之间的差额，来计算各因素对分析指标的影响。它通过分析财务报表中有关科目的绝对数值的大小，据此判断发行公司的财务状况和经营成果。

（四）营运能力分析

营运能力是企业在一定时期管理资产运营效率的能力。通常用各种资产的周转率表示，反映企业资产使用的效率情况，代表企业投入和运用单位资产产生营业收入的能力。资金周转得越快，企业创造营业收入的能力越强。测度资产运营效率的指标主要有总资产周转率、流动资产周转率和存货周转率、非流动资产周转率、应收账款周转率、营业周期等。

● 总资产周转率是营业收入与平均资产总额的比值，表明企业全部资产在 1 年中的周转次数，反映企业单位资产投资所产生的营业收入。计算公式如下：

总资产周转率 = 营业收入 ÷ 平均资产总额

在营业收入净利率不变的情况下，资金周转的次数越多，资产的运营效率越高，产生的利润就越多。一年按 365 天计算，总资产周转天数 =365 ÷ 总资产周转率。表示总资产周转一次所需要的时间。时间越短，总资产的运营效率越高，盈利性越好。

● 流动资产周转率是营业收入与平均流动资产之比，表明流动资产 1 年中周转的次数，反映单位流动资产所产生的营业收入。流动资产周转速度快，会相对节约流动资产，等于相对扩大资产投入，增强企业盈利能力。计算公式如下：

流动资产周转率 = 营业收入 ÷ 平均流动资产

在制造企业的流动资产中，应收账款和存货占到很大比重，其周转率的高低会对流动资产周转率有较大影响。

● 非流动资产周转率是营业收入与平均非流动资产的比值，表明非流动资产 1 年中周转的次数，反映单位非流动资产所产生的营业收入和非流动资产的管理效率，计算公式如下：

非流动资产周转率 = 营业收入 ÷ 平均非流动资产

非流动资产周转率的影响因素是在建工程、工程物资等当期不能投入企业生产中的资产项目，以及固定资产、无形资产、其他长期资产等项目。过多的在建工程、工程物资等会导致整个企业的资产周转率下降。

● 存货周转率是指营业收入与平均存货的比值，或存货周转率是指主营业务成本与平均存货的比值。表明存货在 1 年中的周转次数，是衡量和评价企业购入存货、投入生产、销售收回等各环节管理状况的综合性指标。存货周转速度越快，存货的占用水平越低，流动性越强，存货转换为现金、应收账款的周转速度越快，计算公式如下：

存货周转率（次数）= 主营业务收入 ÷ 平均存货

存货周转率（次数）= 主营业务成本 ÷ 平均存货

用 365 天除以存货周转率同样可以计算存货的周转天数，反映存货周转一次所需要的时间。企业的运营模式、组织结构、生产流程、其他财务政策以及行业特征等都可能会影响到企业的存货周转次数。企业可以通过采用订单式生产、减少分支机构、优化生产工艺流程、采用较为紧缩的信用政策等方式加速存货周转，提高存货的管理效率。

● 应收账款周转率是营业收入与平均应收账款的比值，表明应收账款在 1 年中的周转次数，是反映企业应收账款变现速度和管理效率的指标。应收账款周转率越高，周转次数越多，表明企业应收账款的回收速度越快，企业经营管理的效率越高，资产的流动性越强，短期偿债能力也越强。其计算公式如下：

应收账款周转率 = 主营业务收入 ÷ 平均应收账款

企业通过赊销可以扩大产品的销量、增强竞争力、提升市场份额、巩固客户关系等，但应收账款作为企业扩大销售和盈利进行的投资，却会带来管理成本、机会成本、收账成本、坏账损失成本等成本。企业应在赊销带来的收入和应收账款增加带来的成本之间进行比较分析，以寻求总成本最小的应收账款管理政策。

● 营业周期是存货周转天数与应收账款周转天数之和，其计算公式如下：

营业周期 = 存货周转天数 + 应收账款周转天数

创业者应通过提高各种资产的周转速度，使其发挥更大的作用，提升企业的营运能力，合理利用资金，创造更多财富。

（五）盈利能力分析

盈利能力是企业在一定时期内产生利润的能力。企业经营的直接目的是赚取利润，在保持企业经营持续稳定的基础上追求良好的成长性。盈利能力较强的企业具有较强的主营业务竞争力和通过持续投入研发与投资新项目拓展新业务的能力，同时，盈利能力对投资者的收益回报和再投资产生重要影响。因此，盈利能力通常被认为是企业最重要的经营业绩衡量标准。常用的衡量盈利能力的指标有净资产收益率、总资产收益率、营业收入净利率等，分别从净资产、总资产和营业收入的角度测度企业产生净利润的能力。

1. 变现能力比率

（1）流动资产，是指企业可以在一年或者超过一年的一个营业周期内变现或者运用的资产，主要包括货币资金、短期投资、应收票据、应收账款和存货等。流动比率的计算公式是：

流动比率 = 流动资产 ÷ 流动负债

流动负债，也叫短期负债，是指将在一年或者超过一年的一个营业周期内偿还的债务，包括短期借款、应付票据、应付账款、预收账款、应付股利、应交税金、其他暂收应付款项、预提费用和一年内到期的长期借款等。

流动比率越高，说明企业资产的流动性越大，但是，流动比率太大表明流动资产占用较多，会影响经营资金周转效率和获利能力。一般认为流动比率在 2~3 之间比较合理。

（2）速动资产，是指企业可以在一年或者超过一年的一个营业周期内变现或者运用的流动性较强的资产，主要包括货币资金、短期投资、应收票据、应收账款等但不包括存货。速动比率的计算公式是：

速动比率 =（流动资产—存货）÷ 流动负债

速动比率的高低能直接反映企业的短期偿债能力强弱，它是对流动比率的补充，并且比流动比率更加直观可信。如果流动比率较高，但流动资产的流动性却很低，则说明企业的短期偿债能力仍然不高。

在流动资产中有价证券一般可以立刻在证券市场上出售，转化为现金、应收账款、应收票据等项目，可以在短时期内变现，而存货、预付账款、待摊费用等项目变现时间则较长，特别是存货很可能发生、滞销、残次等情况，其流动性较差，因此流动比率较高的企业，偿还短期债务的能力并不一定很强，而速动比率就避免了这种情况的发生。速动比率一般应保持在 100% 以上。

（3）营运资金又称总营运资本，广义的营运资金是指一个企业投放在流动资产上的资金，具体包括应收账款、存货、其他应收款、应付票据、预收票据、预提费用、其他应付款等占用的资金，主要来源于流动负债。狭义的营运资金是指某时点内企业的流动资产与流动负债的差额。其计算公式是：

净营运资金 = 流动资产－流动负债

一般情况下净营运资金越多，说明不能偿还的风险越小。因此，净营运资金的多少可以反映偿还短期债务的能力。

2. 资产管理比率

资产管理比率是用来衡量公司在资产管理方面效率的财务比率，即用于衡量公司资产周转状况的指标，包括营业周期、存货周转率、应收账款周转率、流动资产周转率和总资产周转率。

3. 负债比率

负债比率是企业全部负债与全部资金来源的比率，用以表明企业负债占全部资金的比重。负债比率是指债务和资产、净资产的关系，它反映企业偿付债务本金和支付债务利息的能力。其计算公式是：

负债比率 =（负债总额 ÷ 股东权益）× 100%

该指标一方面反映了由债权人提供的资本和股东提供的资本的相对比率关系，反映企业基本财务结构是否稳定。负债比率高，是高风险、高报酬的财务结构；负债比率低，是低风险、低报酬的财务结构。另一方面，该指标也表明债权人投入的资本受到股东权益保障的程度，或者说是企业清算时对债权人利益的保障程度。

4. 营业收入净利率

营业收入净利率是指利润额与营业收入的比值，反映了企业单位营业收入创造利润的能力。其计算公式为：

营业收入净利率＝利润额 ÷ 营业收入

企业盈利能力的分析指标均是正指标，在其他条件相同的情况下，其值越高越好，说明企业单位总资产、净资产和营业收入赚取利润的能力越好。创业者出于对投资资产保值增值的需要，会密切关注企业的盈利能力。

5. 偿债能力

偿债能力有现金到期债务比、现金流动负债比、现金债务总额比 3 个指标，其计算公式为：

现金到期债务比＝经营现金流量净额 / 本期到期债务

现金流动负债比（重点）＝经营现金流量净额/流动负债（反映短期偿债能力）

现金债务总额比（重点）＝经营现金流量净额 / 债务总额

（六）财务状况的综合分析

财务状况的综合分析是以财务报表等核算资料为基础的，将各项财务分析指标作为一个整体，全面、系统、综合地对企业财务状况、经营成果进行分析与评价，从而掌握企业整体财务状况和效益情况。

通过对资产负债表和利润表分析，以及偿债能力、盈利能力和营运能力的分析可以从不同角度了解企业的财务状况和经营成果，但未能揭示企业不同报表之间及各种财务指标之间的内在联系。实际上，任何一个因素的变动都会引起企业整体财务状况的改变，企业的财务状况是一个完整的系统，各因素之间都是相互依存、相互影响的。因此，创业者必须深入了解企业财务内部的各项因素状况及相互关系。

例　题

假设黎明公司 2013—2015 年没有对外投资，营业外收支均为零，所得税率为 25%。

其部分的财务指标如表 4-15 所列。

表 4-15　黎明公司的部分财务指标

	2013 年	2014 年	2015 年
营业收入（万元）	500	520	600
总资产（万元）	300	320	350
总负债（万元）	100	120	150

续表

	2013 年	2014 年	2015 年
所有者权益合计（万元）	200	200	200
流动比率	1.1	1.2	1.2
应收账款周转天数（天）	20	25	22
存货周转率（次数）	8.0	7.0	6.0
长期债务 / 所有者权益	0.40	0.35	0.45
总资产周转率	2.5	2.2	2
营业利润率	16.0%	18.0%	17.0%

要求：

1．计算该公司 2013—2015 年的资产负债率与资产利润率；

2．分析该公司运用资产获利能力的变化及其原因；

3．试从创业者的角度分析，公司在 2016 年应从哪些方面努力才能改善目前财务状况和经营业绩?

2013 年资产负债率 = 总负债 / 总资产 =100 万元 /300 万元 =33.3%

2014 年资产负债率 = 总负债 / 总资产 =120 万元 /320 万元 =37.5%

2015 年资产负债率 = 总负债 / 总资产 =150 万元 /350 万元 =42.9%

2013 年利润 = 营业收入 × 营业利润率 =500 万元 ×16.0%=80.0 万元

2014 年利润 = 营业收入 × 营业利润率 =520 万元 ×18.0%=93.6 万元

2015 年利润 = 营业收入 × 营业利润率 =600 万元 ×17.0%=102.0 万元

该公司运用资产获利能力的变化总体趋势良好，总资产周转率在逐年提升，总负债、总资产、营业收入也在逐年提升；存货周转率（次数）在逐年提高，营业利润逐年增加等。但应收账款周转天数（天）、营业利润率等在波动，还不够稳定；2015 年营业利润率与 2014 年还下降一个百分点。

从创业者的角度分析，在 2016 年公司应从哪些方面努力才能改善目前财务状况和经营业绩。应拓宽营销渠道，提高总资产周转率、存货周转率（次数），缩短应收账款周转天数，增加销售收入等方面下功夫，以尽快提升营业利润率。

模块五

商业模式——怎样用合法的方式获利

【教学目标】

1. 通过学习，能够了解商业模式的含义。
2. 通过学习，能够熟悉商业模式的类型。
3. 通过学习，能够掌握商业模式画布的方法。

“雨后春笋般冒出来的网络公司并不意味着网络风暴的来临，只有当世界级大公司抓住互联网的力量并用它来改造自身的时候，才表明网络风暴的形成。”

——路易斯·格斯特纳

对于一个企业的经营来讲，关于商业模式，我们经常听到一句话，方向比努力更重要。这跟“太极”是一个道理，如果我们的方向错了，越是努力我们反而可能离目标会越远。也就是说商业模式关系到一家企业在面向未来发展的方向性问题，是非常核心的一个原点和基点的问题。可以说，缺乏好的商业模式，即使有再好的产品与技术，包括再好的品牌，最终都会消失的。可见商业模式的重要性！

诚然，为了说明商业模式的重要，也不能去贬低其他方面的重要性，实际上道理是一样的。假如把商业模式比作“道”，那么企业的产品、技术、品牌、销售就是“术”，两者是相辅相成的，是辩证统一的。好的商业模式需要强执行力、品牌建设、技术研发及产品精准设计等。因此，要求大家在产品、技术、品牌、销售的充分重视的基础上，更加注视企业的商业模式的设定。商业模式是企业发展的方向、原点、基石，如果企业商业模式确定出了问题，那么我们创办的企业就难以进行长期运作，其结局一定是徒劳无功的。

项目一

商业模式概述

商业模式第一次出现在20世纪50年代，90年代后才开始被广泛使用和传播，现在已经成为创业者和风险投资者的常用名词。创业者将丰富机会与信息逻辑化后形成的商业创意，最终可能会演变为商业模式。其形成的逻辑是：机会是经由创造性资源组合传递更明确的市场需求的可能性（schumpeter，1934；Kirzner，1973），是未明确的市场需求或者未被利用的资源或者能力。

什么是商业模式？商业模式是一种简化的商业逻辑。用最直白的话告诉大家：商业模式就是企业通过什么途径或方式来赚钱。简言之，饮料公司通过卖饮料来赚钱；快递公司通过送快递来赚钱；网络公司通过点击率来赚钱；通信公司通过收话费来赚钱；超市通过平台和仓储来赚钱，等等。只要有赚钱的地方就有商业模式存在。

一、商业模式含义

商业模式是指企业与企业之间、企业的部门之间，乃至与顾客之间、与渠道之间都存在各种各样的交易关系和连接方式。

商业模式是一种包含了一系列要素及其关系的概念性工具，用以阐明某个特定实体的商业逻辑。它描述了公司所能为客户提供的价值以及公司的内部结构、合作伙伴网络和关系资本（relationship capital）等用以实现（创造、推销和交付）这一价值并产生可持续盈利收入的要素。有一个好的商业模式（business model），成功就有了一半的保证。

商业模式有两种不同的含义：一种是简单地用它来指企业如何从事商业的具体方法和途径；另一种是更强调模型方面的意义。这两者是有实质上不同的，前者泛指一个企业从事商业的方式，而后者指的是这种方式的概念化。提出了一些由要素及其之间关系构成的参考模型（reference model），用以描述公司的商业模式。

二、如何形成商业模式

随着市场需求日益清晰以及资源日益得到准确界定，机会将超脱其基本形式，逐渐演变成为创意（商业概念），包括如何满足市场需求或者如何配置资源等核心计划。随着商业概念的自身提升，它变得更加复杂，包括产品（服务）概念、市场概念、供应链、营销、运作概念（cardozo，1996），进而这个准确并差异化的创意（商业概念）逐渐成熟最终演变为完善的商业模式，从而形成一个将市场需求与资源结合起来的系统。

三、成功商业模式特征

（1）成功的商业模式要能提供独特价值。这个独特的价值有时候可能是新思想；更多的时候，它往往是产品和服务独特性的组合。这种组合可以向客户提供额外的价值；使得客户能用更低的价格获得同样的利益，或者用同样的价格获得更多的利益。

（2）商业模式是难以模仿的。企业通过确立自己的与众不同，如对客户的悉心照顾等，来提高行业的进入门槛，从而保证利润来源不受侵犯。如直销模式（仅凭“直销”一点，还不能称其为一个商业模式），人人都知道其如何运作，也都知道戴尔公司是直销的标杆。但很难复制戴尔的模式，原因在于“直销”的背后，是一整套完整的、极难复制的资源和生产流程。

（3）成功的商业模式是脚踏实地的。企业要做到收入大于支出，产生利润。这个看似简单的道理，要想做到年复一年、日复一日地运行，却并不容易。现实当中的很多企业，不管是传统企业还是新型企业，对于自己的钱从何处赚来，为什么客户看中自己企业的产品和服务，乃至有多少客户实际上不能为企业带来利润，还在侵蚀企业的收入等关键问题，都不甚了解。

商业模式是一个企业满足消费者需求的系统，这个系统组织管理企业的各种资源（资金、原材料、人力资源、作业方式、销售方式、信息、品牌和知识产权、企业所处的环境、创新力，又称输入变量），形成能够提供消费者无法自力而必须购买的产品和服务（输出变量），因而具有自己能复制且别人不能复制，或者自己在复制中占据市场优势地位的特性。

项目二

商业模式类型

商业模式是一个非常宽泛的概念。大多数的商业模式都要依赖于技术。互联网上的创业者们发明了许多全新的商业模式，这些商业模式完全依赖于现有的和新兴的技术。利用技术，企业可以用最小的代价，接触到更多的消费者。与商业模式有关的说法很多，包括店铺模式、运营模式、盈利模式、B2B 模式、B2C 模式、“鼠标 + 水泥”模式 、广告收益模式、BNC 模式，等等。一般来说，服务业的商业模式要比制造业和零售业的商业模式更复杂。

（1）店铺模式（shopkeeper model），具体点说，就是在具有潜在消费者群的地方开设店铺并展示其产品或服务。它是最古老也是最基本的商业模式。

（2）“鼠标 + 水泥”模式，鼠标（mouse）代表以互联网为平台的新经济，水泥（cement）代表传统经济。鼠标 + 水泥形象地比喻了传统行业与网络相互结合追求发展的模式。而新经济建立在传统实体的基础上，也是一种发展趋势。

（3）B2B（商家对商家）模式。电子商务主要是进行企业间的产品批发业务，因此也称为批发电子商务。电子商务其实远不仅是指网络零售业，更核心的是市场潜力比零售业大一个数量级的企业级电子商务。B2B 电子商务模式是一个将买方、卖方以及服务于他们的中间商（如金融机构）之间的信息交换和交易行为集成到一起的电子运作方式。而这种技术的使用会从根本上改变企业的计划、生产、销售和运行模式，甚至改变整个产业社会的基本生产方式。因此，这种企业之间的电子商务经营模式越来越受到重视，被许多业内人士认为是电子商务未来发展的一个重要方向。

（4）B2C（商家对个人消费者）模式。8848 就是采用这种商业模式的一个网站。它充分地利用了连邦软件公司在原有的物流上的优势、全国统一的销售连锁店和长斯以来形成的品牌优势，在 Internet 上把零售做得很火。

（5）C2B（个人消费者对商家）模式。这是目前在专业经营电子商务网站中较新的一种概念，也就是所谓的“倒转式的拍卖”，由“酷！必得！”网站提出。资迅人公司以这种全新的概念吸引了不少目光。

（6）C2C（个人消费者对个人消费者）模式。这是美国 eBay 所采用的商业模式。国内目前有几家声势浩大的网站如易趣、雅宝等也属于这一模式。结合国内电子商务尚未解决支付与货运的现状，采用这种方式，可以让用户自己解决付费、运输和验货等问题。

（7）O2O 即 Online to Offline（在线离线 / 线上到线下）模式，是指将线下的商务机会与互联网结合，让互联网成为线下交易的前台，这个概念最早来源于美国。O2O 的概念非常广泛，只要产业链中既可涉及线上，又可涉及线下，就可通称为 O2O。

（8）广告收益模式，是将目标网站、第三方小型应用程序以及广告主产品三者结合的一种商业模式。目标网站将对 Twitter 各类信息以发布时间为标准加以评级，然后通过特定算法，以确定某条结果同关键词的匹配程度。Twitter 用户使用 Tweetup 搜索服务后，在所返回搜索结果中，同样会看到付费广告主的信息。

（9）BNC 模式，是将企业、网站、个人以减少中间环节，让企业利益最大化、终端买家价格最低化的一种新的商业模式。

要点1　店铺模式——传统经商靠什么获利

店铺模式（shopkeeper model），具体点说，就是在具有潜在消费者群的地方开设店铺并展示其产品或服务，可以把该商业模式分为两大类。

1. 运营性商业模式

重点解决企业与环境的互动关系，包括与产业价值链环节的互动关系。运营性商业模式创造企业的核心优势、能力、关系和知识。

（1）产业价值链定位

企业处于什么样的产业链条中，在这个链条中处于何种地位，企业结合自身的资源条件和发展战略应如何定位。

（2）赢利模式设计收入来源、收入分配

企业从哪里获得收入，获得收入的形式有哪几种，这些收入以何种形式和比例在产业链中分配，企业是否有权分配。

2. 策略性商业模式

策略性商业模式对运营性商业模式加以扩展和利用。策略性商业模式涉及企业生产经营的方方面面。

（1）业务模式

企业向客户提供什么样的价值和利益，包括品牌、产品等。

（2）渠道模式

企业如何向客户传递业务和价值，包括渠道倍增、渠道集中压缩等。

（3）组织模式

企业如何建立先进的管理控制模型，比如建立面向客户的组织结构，通过企业信息系统构建数字化组织等。在综合了各种概念的共性的基础上，提出了几类模型，例如服务式商业模式、搬运式商业模式。

案 例

服务式商业模式

开个饭店，有人喜欢说自己是经营餐饮业的，有的则喜欢说自己是做服务业的。一个饭店究竟是吃得好更重要还是服务好更重要？这是一个没有标准答案的问题。这种争论通常只能以“都重要”不了了之。这个问题非要追问下去，那么有一个标尺可以区分什么是服务业：用人力来完成大部分消费者体验的即可称之为服务业。医疗保健、美容整形、餐饮洗浴、旅游酒店，等等都可以是服务式商业模式。服务式商业模式又怎么上位呢？提升标准。我们听过很多海底捞的故事，把为顾客买药之类都列入服务事项中，做到服务人性化。麦当劳应该会极力避免这种事发生，因为这种事也会影响员工的工作效率，未必能带来多少业绩。很多菜系的餐饮业无法量化标准，如日本“寿司之神”小野二郎要在北京开店，这就是一个无法量化标准的典型。即便制作工艺可以复制，食材也难以把控。如果不能量化成标准，服务便无法形成核心竞争力。服务业量化标准，就是要挑战行业通行的标准。很多游客会特意到半岛酒店去转转，不住不吃不消费，为的就是和门口停放的墨绿色劳斯莱斯合张影。用劳斯莱斯接送贵宾是半岛酒店的服务标准。海底捞的擦鞋、美甲也都是量化的标准。升级行业通行标准，是服务式商业模式的关键，而要提升服务标准，则先要培养团队素质。

案 例

搬运式商业模式

最常见的搬运式商业模式是买卖形态。把广州的服装搬运到长沙来卖；把四川的白酒搬运到北京来卖；把德国的汽车搬运到中国来卖；把淘宝的商品搬到微信来卖……把甲地的产品搬运到乙地来卖，用高端的词汇来称呼就是称经销商或者代理商，俗称“搬运工”。商业社会中搬运式的商业模式是最多的一种。传统行业中，高大上的外国品牌进入中国都有中国总代理、总经销；大多数高大上的国内品牌都有一级、二级乃至三级的经销商；每一个品类的批发市场都供应着成百上千的零售店搬运。对于知名度高的大品牌，“搬运工”是被动的，对于刚起步的小品牌，“搬运工”是主动的。

过去只要有足够的资本和胆识，就可以做到“搬运工”中的“高富帅”。因为物流、信息都不发达，不对称。当社会闲散资本越来越多、独有资源越来越少、信息传播越来越高效透明、同行的资历越来越深时，一个普通的“搬运工”很难拿到大品牌的经销权，更不要说是独家。世界上拥有“搬运工”最多的品牌是——安利。以品牌搬运为出发，从安利身上即可窥见：“搬运工”靠什么上位？人脉。人脉并不是你认识了什么人，真正的人脉有两种：一种是有人给你面子，另一种是有人信得过你。第一种人脉更快，第二种人脉更稳。搬运工的品牌不是所经销的产品，而是搬运工自己。把个人当品牌，按“道若极三境”，让人信任是第一位。用这个逻辑反观安利，为什么卖面子做得快，卖信任做得久？因为你的顾客对你经销产品的态度约等于对你个人的态度。买你面子的买得多，但回去未必用，脱离产品体验的销售自然长远不了。淘宝上和微信上的“搬运工”也是这个道理：卖面子做得快、卖信任做得久。

以品类为出发点，以“搬运工”的眼光来观察，从线下到线上的买手店都是如此。选择一个适销的品类、一个靠谱的品牌、一款下货的产品，都需要眼光。眼光和信任一样，是任何人都偷不去的核心竞争力。眼光又高于信任，因为信任是对已知人群的驱动力，眼光则是对未知人群的吸引力。所以，未来“搬运工”从体力劳动者升华到智力劳动者，最终还要靠眼光。眼光可以突破“搬运工”地缘性优势的局限。

要点2　B2B模式——怎样解决企业之间商务关系

B2B（商家对商家）电子商务主要是进行企业间的产品批发业务，因此也称为批发电子商务。电子商务其实远不仅是指网络零售业，更核心的是市场潜力比零售业大一个数量级的企业级电子商务。

一、B2B 模式定义

B2B 电子商务模式是一个将买方、卖方以及服务于他们的中间商（如金融机构）之间的信息交换和交易行为集成到一起的电子运作方式。而这种技术的使用会从根本上改变企业的计划、生产、销售和运行模式，甚至改变整个产业社会的基本生产方式。因此，这种企业之间的电子商务经营模式越来越受到重视，被许多业内人士认为是电子商务未来发展的一个重要方向。

二、发展状况

传统的企业间的交易往往要耗费企业的大量资源和时间，无论是销售和分销还是采购都要占用产品成本。通过 B2B 的交易方式买卖双方能够在网上完成整个业务流程，从建立最初印象，到货比三家，再到讨价还价、签单和交货，最后到客户服务。B2B 使企业之间的交易减少许多事务性的工作流程和管理费用，降低了企业经营成本。网络的便利及延伸性使企业扩大了活动范围，企业发展跨地区跨国界更方便，成本更低廉。 B2B 不仅仅是建立一个网上的买卖者群体，它也为企业之间的战略合作提供了基础。任何一家企业，不论是它具有多强的技术实力或多好的经营战略，要想单独实现 B2B 是完全不可能的。单打独斗的时代已经过去，企业间建立合作联盟逐渐成为发展趋势。网络使得信息通行无阻，企业之间可以通过网络在市场、产品或经营等方面建立互补互惠的合作，形成水平或垂直形式的业务整合，以规模、实力、运作真正达到全球运筹管理的模式。B2B 模式是电子商务中历史最长、发展最完善的商业模式，能带来利润和回报。它的利润来源于相对低廉的信息成本带来的各种费用的下降，以及供应链和价值链整合的好处。它的贸易金额是消费者直接购买的 10 倍。企业间的电子商务成为电子商务的重头。它的应用组织有通过 EDI 网络连接会员的行业组织，基于业务链的跨行业交易集成组织，网上及时采购和供应营运商。企业间电子商务的实施将带动企业成本的下降同时扩大企业收入来源。

传统 B2B 电子商务为中国广大企业提供了一个新的广告媒介，方便企业进行信息匹配，扩大了企业的销售路径，在过去的十几年中对中国企业发展起到了积极意义。然而由于其仅仅停留在信息匹配的作用，这种积极意义会随着互联网的发展而冲淡，因为随着互联网的发展，各种网络渠道越来越发达，获取信息的途径越来越多。B2B 电商要获得更大层次的提高，就必须突破停留在信息匹配的局面，真正将交易搬到线上来。

三、运营模式

B2B是企业实现电子商务、推动企业业务发展的一个最佳切入点，企业获得最直接的利益就是降低成本和提高效率，从长远来看也能带来巨额的回报。在现代企业总体战略中，越来越重视与信息技术的结合。

企业要实现完善的B2B需要许多系统共同的支持，比如制造企业需要有财务系统、企业资源计划ERP系统、供应链管理SCM系统、客户关系管理CRM系统等，并且这些系统能有机地整合在一起实现信息共享、业务流程的完全自动化。实现这样的系统需要企业投入数量可观的人力、物力和财力，多数中小企业会对这样巨大的投入望而却步。而北京新网数码信息技术有限公司为现代企业提供了支付得起的B2B电子商务解决方案：①企业可以采用网络提供的产品，从低端到高端，从单一到全面，有步骤地实现B2B。如分销商可以针对业务的主要特点采用新网的DRP系统，商业企业可以使用新网的SCM系统，以销售、服务等业务为重点的企业可以采用CRM系统。②中小企业在有限的资金、人员条件下，新网数码信息技术有限公司将以ASP应用软件服务提供商的方式，向企业用户提供基于互联网的软件托管、分发、管理应用程序租用及相关服务。企业用户可以将业务应用所需的基础结构、业务运作和应用管理等完全托管给新网数码信息技术有限公司这样的应用服务提供商。使用户以低成本的投入方式得到了高质量的技术和服务保障，从而确保了企业电子商务战略的顺利实施。

B2B电子商务常规流程：

第一步，商业客户向销售商订货，首先要发出“用户订单”，该订单应包括产品名称、数量等一系列有关产品问题。

第二步，销售商收到“用户订单”后，根据“用户订单”的要求向供货商查询产品情况，发出“订单查询”。

第三步，供货商在收到并审核完“订单查询”后，给销售商返回“订单查询”的回答，基本上是有无货物等情况。

第四步，销售商在确认供货商能够满足商业客户“用户订单”要求的情况下，向运输商发出有关货物运输情况的“运输查询”。

第四步，销售商在确认供货商能够满足商业客户“用户订单”要求的情况下，向运输商发出有关货物运输情况的“运输查询”。

第五步，运输商在收到“运输查询”后，给销售商返回运输查询的回答。如：有无能力完成运输，及有关运输的日期、线路、方式等要求。

第六步，在确认运输无问题后，销售商即刻给商业客户的“用户订单”一个满意的回答，同时要给供货商发出“发货通知”，并通知运输商运输。

第七步，运输商接到“运输通知”后开始发货。接着商业客户向支付网关发出“付款通知”。支付网关和银行结算票据等。

四、运作程序

这种模式的交易方主要有：用户（购买商）、交易中心（销售商）、供应商（或制造商）、运输商（配送中心）、银行及认证机构（CA）和支付网关，具体如下：

（1）客户在销售商的网站上提交一份订购商品的订单。

（2）销售商接到订单后，立即向商品供应商传递一个查询。

（3）商品供应商查询计算机库存数据，如果当前库存数量能完成这个订单，商品供应商进行应答，产生一个供货时间表。

（4）销售商向运输商的商品系统提交一个查询。

（5）运输商的系统首先核对自己的运输能力，然后提供一个运输这批商品的时间表。

（6）商品销售商向客户的系统发出订单确认。

（7）销售商根据用户时间表、供货商时间表、运输商时间表向供货商发出发货通知。

（8）销售商向运输商发出运输通知。

（9）用户向银行发出付款通知，银行确认付款信息的真实性。

（10）银行确认后开始付款，银行划账后通知销售商货款已到。

五、盈利渠道

1. 会员费

企业通过第三电子商务平台参与电子商务交易，必须注册为B2B网站的会员，每年要交纳一定的会员费，才能享受网站提供的各种服务，目前会员费已成为我国B2B网站最主要的收入来源。

2. 广告费

网络广告是门户网站的主要盈利来源，同时也是B2B电子商务网站的主要收入来源。

3. 竞价排名

企业为了促进产品的销售，都希望在B2B网站的信息搜索中将自己的排名靠前，而网站在确保信息准确的基础上，根据会员交费的不同对排名顺序作相应的调整。

4. 增值服务

B2B网站通常除了为企业提供贸易供求信息以外，还会提供一些独特的增值服务，包括企业认证、独立域名、提供行业数据分析报告、搜索引擎优化等。像现货认证就是针对电子这个行业提供的一个特殊的增值服务，因为通常电子采购商比较重视库存这一块。另外针对电子型号做的谷歌排名推广服务，就是搜索引擎优化的一种，这个平台就有这个增值服务，企业对这个都比较感兴趣。所以可以根据行业的特殊性去深挖客户的需求，然后提供具有针对性的增值服务。

5. 线下服务

线下服务主要包括展会（exhibition，trade fair）、期刊、研讨会等。通过展会，供应商和采购商面对面地交流，一般的中小企业还是比较青睐这个方式的。期刊主要是关于行业资讯等信息，期刊里也可以植入广告。环球资源的展会现已成为重要的盈利模式，占其收入的三分之一左右。而ECVV组织的各种展会和采购会也已取得不错的效果。

6. 商务合作

商务合作包括广告联盟、政府、行业协会合作，传统媒体的合作等。广告联盟通常是网络广告联盟，亚马逊通过这个方式已经取得了不错的成效，但在我国，联盟营销还处于萌芽阶段，大部分网站对于联盟营销还比较陌生。国内做得比较成熟的几家广告联盟有：百度联盟、谷歌联盟、淘宝联盟等。

7. 按询盘付费

询盘付费是指从事国际贸易的企业不是按照时间来付费的，而是按照海外推广带来的实际效果，也就是海外买家实际的有效询盘来付费。其中询盘是否有效，主动权在消费者手中，由消费者自行判断，来决定是否消费。尽管 B2B 市场发展势头良好，但 B2B 市场还是存在发育不成熟的一面。这种不成熟表现在 B2B 交易的许多先天性交易优势，比如在线价格协商和在线协作等还没有充分发挥出来。 因此传统的按年收费模式，越来越受到以 ECVV 为代表的按询盘付费平台的冲击。“按询盘付费”具有零首付、零风险；主动权、消费权；免费推、针对广；及时付、便利等大特点。企业零投入就可享受免费全球推广，成功获得有效询盘并辨认询盘的真实性和有效性后，只需在线支付单条询盘价格，就可以获得与海外买家直接谈判成单的机会，主动权完全掌握在供应商手里。

要点3 C2C模式——如何解决个人之间商务关系

案 例

拍拍网

拍拍网对外宣布，其在线商品数突破 1 000 万。商品数突破千万量级意味着，只要是正常的购买需求，用户都可以在拍拍网上得到满足。至此，拍拍网也正式跻身千万商品俱乐部，进入中国千万商品俱乐部的只有淘宝网和拍拍网两家。2006 年 3 月，拍拍网对外宣布正式运营。一年多的快速成长，让依托于腾讯的拍拍网已经成为中国 C2C 领域一匹潜力十足的黑马。2006 年 5 月，拍拍网发布的“蚂蚁搬家”让马云开始认真打量这个快速崛起的竞争对手。2007 年 3 月，拍拍网正式宣布其在线商品数突破千万，并且成为了最短时间内打破这一纪录的行业领先者，而这距其正式运营的时间不过一年，成长速度之快，令人咋舌。当然，拍拍网的快速发展让中国的 C2C 市场格局也在悄然发生着变化。在线商品数突破千万，让拍拍网在不经意间又逼近了淘宝一步。在 Alexa 的世界网站排名上，拍拍网跃进国内C2C网站流量排名第二位的位置已经持续了很久。“对于购物网站来说，商品和人流量是两个关键指标。简而言之：当一个商场的商品非常丰富，而来商场的消费者又非常多的时候，商场成交额的提升将是一个必然。而在这两项指标上都跃居第二，这也意味着C2C的产业格局正在悄然改变，三足鼎立的传统格局很有可能会被淘宝、拍拍双峰对峙的局面所替代。”业内专家认为。尽管背后有着2.3亿庞大的活跃QQ用户群作为基础，然而，能够取得如此的成长速度仍属不易。业内资深人士认为，和腾讯其他业务的密切捆绑，使得拍拍网拥有了很多其他购物平台所无可比拟的差异化优势，而这是拍拍网快速发展的另一个关键原因。以交易腾讯增值产品为主的QQ特区在拍拍网中占据着重要的位置。在拍拍网和QQ空间共同推出的QCC商城就取得了很大的成功。据保守估计，QCC商城给拍拍网带来的流量和交易量的提升都在20%以上。尽管有着业界最快的成长速度和强劲的发展势头，但是和淘宝相比，拍拍网在市场份额上的差距也并不是凭一日之功就能解决的。对此，拍拍网负责人湛炜标有着非常清醒的认识：“在线商品数突破千万，对于我们来说只是一个新的起点。接下来，我们会在商品搜索、购物流程、支付、物流等方面做持续改进，不断提升用户体验。比如说在最近推出的QQ新版本中，我们就融入了更多的拍拍网元素，在进行对话时，可以清晰地显示卖家和商品信息，这样就有助于在沟通过程中快速达成交易。毕竟，用户的选择才是评判一个购物平台是否具有良好发展前景的最好标准。”在挑战的道路上，拍拍网任重而道远。

一、C2C模式定义

C2C，即个人消费者对个人消费者。这是美国eBay所采用的商业模式。国内目前有几家声势浩大的网站如易趣、雅宝等也属于这一模式。结合国内电子商务尚未解决支付与货运的现状，采用这种方式，可以让用户自己解决付费、运输和验货等问题。毫无疑问，淘宝在C2C领域的领先地位暂时还没有人能够撼动。然而，淘宝却也不得不承受这份领先带来的沉甸甸压力。在领先与压力之间，淘宝在奋力往前走。

二、C2C模式的发展

在中国C2C市场，淘宝的市场份额超过60%。如果是在传统行业，淘宝完全可以高枕无忧。然而在瞬息万变的互联网领域，这样的优势并不是什么不可逾越的屏障。

2006 年推出招财宝受挫，马云便意识到这样的市场地位并不稳固，竞争对手完全可能爆发出惊人的能量，直接挑战淘宝的权威。领先本身就成为了一种压力。后有追兵，前路又是一片茫茫。没有人告诉你前面的路该如何去走，迈出的每一步都是尝试，可能踏出一片广阔天地，也可能会一无所获。

2007 年淘宝显示了其在创新上的勇气，收购口碑网推出分类信息，大力拓展品牌商城，将团购做成一个频道，将交易的视野扩向全球推出“全球购”频道……很难说这些尝试给淘宝带来的直接收益有多大，但是淘宝却因此明白了什么可以做、什么可以不做。依靠不断的尝试，淘宝在小心翼翼地维护着自己的领先地位。对于淘宝而言，领先还有一个代价，需要巨大的资金投入。不管马云夸口的 20 亿元资金投入是否属实，一个无可辩驳的事实是淘宝面临的资金压力越来越明显地显示出来。在悄无声息之中，淘宝对于入驻品牌 / 商城的用户开始收取服务费，而在政策和资源上对于该部分商户的倾斜，以及不自觉间对于小商户的忽视，使得免费的淘宝已经名存实亡。很显然，免费的淘宝已经不能承担巨大的资金压力。

2008 年后，淘宝还在前行，但是每一步都不会再像以前那样轻松和自如。如易趣网，从本土企业到跨国企业，再从跨国企业到本土企业，转了一个圈，易趣又回来了。不同的是其名字由易趣改成了 TOM 易趣，老板也从邵亦波变成了王雷雷。在易趣和 TOM 合并的时候，王雷雷曾经豪言：“要在半年的时间内找到可行的盈利模式。”看得到的是在 TOM 易趣身上明显的本土化气息。eBay 易趣是不大注重社区的，如今的 TOM 易趣再次把社区当作重点了。在用户并不是很稳固的情况下，坚持收费无疑是当年一项重大决策失误。之所以选在这个时候宣布免费，从竞争环境看，淘宝逐渐转向收费的趋势让他们感到时机已经成熟。淘宝在两年前就开始不断探索收费模式，而一旦淘宝收费，将使大批中小卖家陷入生存困境。易趣在这个时候提出免费，就是想达到抢夺用户的目的。而业内人士表示，这是易趣的一次绝地反击。

三、市场服务

这里以百度 Hi 为例介绍 C2C 模式的市场服务。百度 Hi 是打通和整合百度社区产品的通行证。用户能从百度空间页面上添加好友到百度 IM；在贴吧、空间、知道等页面上向百度好友发起即时通话；贴吧的吧主可建立属于该贴吧的百度 IM 群；用户可在群里向贴吧“图片库”上传图片；与百度音乐掌门人结合，可在好友列表里实时显示出好友发布的专辑；建立基于 IM 的社区聊天室。会员注册之后百度交易平台和百度 Hi 的会员名将通用，可与店主及时地发送、接收消息。了解对方信用情况等个人信息、头像、多方聊天等一般及时聊天工具所具备的功能。商品的图片可以上传 4 个，图片可以上传到百度空间。针对不同需求，百度设计了不同的方案，也会在平台上线时候，以及后续，为用户提供更多更好的免费功能。百度会致力于为用户提供简单可依赖的优秀产品。通过技术手段，辅助卖家判断重复铺货，判断标准是一个复杂的技术问题，涉及商品标题、商品描述等在内的一个数学向量运算。例如，百度新闻搜索，对于相同新闻的聚类算法判断，就有超过 10 个因素在计算范围之中。为此进行了各种各样复杂且负责的考量、计算，才制定出对应的标准。店铺具有以下功能：有主题风格；店铺类别；店铺公告；商品分类；友情店铺；宣传页面。百度的生活信息平台将继续提供服务。

四、运作流程

网上有不少 C2C 网站，其购物方式都大同小异，淘宝网的购物流程介绍看似简单，其实相对于 B2C 来说，C2C 更加复杂一点。

1. 搜索

搜索有以下几种方法：

第一招，明确搜索词——您只需要在搜索框中输入要搜索的宝贝店铺掌柜名称，然后按回车键，或单击“搜索”按钮即可得到相关资料。

第二招，用好分类——许多搜索框的后面都有个下拉菜单，有宝贝的分类、限定的时间，等等选项，用鼠标轻轻一点，就不会混淆分类了。比如：搜索“火柴盒”，会发现有很多汽车模型，原来它们都是“火柴盒”品牌的。当搜索时选择了“居家日用”分类，就会发现真正色彩斑斓的火柴盒在这里。

第三招，妙用空格——想用多个词语搜索，在词语间加上空格即可，就这么简单！

第四招，精确搜索——使用双引号，比如搜索“佳能相机”，它只会返回网页中有“佳能相机”这 4 个字连在一起的商品，而不会返回诸如“佳能 IXUSI5 专用数码相机包”之类的商品。

第五招，使用加减号。在两个词语间用加号，意味着准确搜索包含着这两个词的内容；相反，使用减号，意味着避免搜索减号后面的那个词。

第六招，不必担心大小写——淘宝的搜索功能不区分英文字母大小写。无论是输入大写字母还是小写字母都可以得到相同的搜索结果。输入“nike”，或“NIKE”，因此可以放心搜索。

2. 联系卖家

找到宝贝了，那就该联系卖家了。请在看到感兴趣的宝贝时，先和卖家取得联络，多了解宝贝的细节，询问是否有货，等等。多沟通能增进你和卖家的了解，避免很多误会。第一，发站内信件给卖家。站内信件是只有你和卖家能看到，相当于某些论坛里的短消息。可以询问卖家关于宝贝的细节、数量等问题，也可以试探地询问是否能有折扣。第二，给卖家留言。每件宝贝的下方都有一个空白框，在这里写上要咨询卖家的问题。请注意，只有卖家回复后这条留言和答复才能显示出来。因为这里显示的信息所有人都能看到，建议不要在这里公开自己的手机号码、邮寄地址等私人信息。第三，利用聊天工具进行沟通。不同网站支持不同的聊天工具，淘宝是旺旺，拍拍是QQ，可以利用它们尽量直接找到卖家进行沟通。

3. 购买

当和卖家达成共识后，那就可以直接购买了！

4. 评价

当拿到商品之后，可以对卖家做确认收货以及对卖家的服务做出评价。如果对商品很不满意，可以申请退货，或者是换货，细节方面请与卖家联系。网购的流程大致如上。

要点4　B2C模式——怎样解决企业与个人商务关系

B2C，即商家对个人消费者。8848就是采用这种商业模式的一个网站。它充分地利用了北京连邦软件股份有限公司在原有的物流上的优势、全国统一的销售连锁店和长期以来形成的品牌优势，在Internet上把零售做得很火。

案例

自主经营卖产品

京东商城（简称“京东”），2011 年 4 月 1 日宣布获得 15 亿美元的融资，从此京东商城便开始大手笔的烧钱行动，花费巨资自建物流、重金砸广告、与行业竞争对手大打价格战。这些做法还是很有收获的，京东的市场份额不断提升，并且利用资金优势重创了线上与线下的竞争对手，彻底地把国美和苏宁搞火了，使得苏宁做起自己的网络商城——苏宁易购，国美自建国美网络商城并收购库巴网来回击京东商城。京东商城的模式就类似于现实生活中沃尔玛、乐购、家乐福类的大型超市，引进各种货源进行自主经营。京东先通过向各厂商进货，然后在自己的商城上销售，消费者可以在这里一站式采购。京东自己负责经营这么庞大的网络商城，盈亏都看京东自己的经营能力。消费者购买时出现问题，直接找京东解决。这种模式的优点在于它经营的产品多样，综合利润高。商城可以根据市场情况，根据企业战略对自己销售的产品做出整体调整。商城拥有经营权，内部竞争小，对外高度统一。缺点在于内部机构庞大，市场反应较慢。

一、B2C模式定义

B2C（business to customer），是“商对客”的一种电子商务模式，也就是通常说的直接面向消费者销售产品和服务商业零售模式。这种形式的电子商务一般以网络零售业为主，主要借助于互联网开展在线销售活动。B2C 即企业通过互联网为消费者提供一个新型的购物环境——网上商店，消费者通过网络在网上购物、网上支付等消费行为。其竞争对手较多，产品种类扩充不灵活，容易与供货商发生矛盾。

二、运作流程

B2C 电子商务的付款方式是货到付款与网上支付相结合，而大多数企业的配送选择物流外包方式以节约运营成本。随着用户消费习惯的改变以及优秀企业示范效应的促进，网上购物的用户不断增长。此外，一些大型考试如公务员考试也开始实行 B2C 模式。其基本需求包括用户管理需求、客户需求和销售商的需求。

1. 用户管理需求

用户管理需求即用户注册及其信息管理。

2. 客户需求

提供电子目录，帮助用户搜索、发现需要的商品；进行同类产品比较，帮助用户进行购买决策；进行商品的评价、加入购物车、下订单、撤销和修改订单；能够通过网络付款；对订单的状态进行跟踪。

3. 销售商的需求

销售商的需求包括：检查客户的注册信息；处理客户订单；完成客户选购产品的结算，处理客户付款；能够进行商品信息发布，能够发布和管理网络广告与银行之间建立接口，进行电子拍卖；商品库存管理；和物流配送系统建立接口；能够跟踪产品销售情况；实现客户关系管理；提供售后服务。

三、市场服务

1. 导购资讯

大部分 B2C 网站都是产品展示和产品销售，内容单调，很难留住回头客。很多购买者在有需求的时候，面对众多的同类产品，选择会让他们非常的盲目。如果有非常合理的导购信息让他们对所要购买的产品进行一个客观的了解和比较的话，他们就可以购买一个让他们自己满意的产品。让客户满意，客户就愿意继续到你的网站购买产品。客户买产品，买的不是产品本身，买的是产品带给用户的好处。人性化的导购信息可以帮助用户快速地获得各类产品的好处。

2. 购物文化

大部分购物网站都缺少一种东西，那就是购物文化。什么叫购物文化呢？就是让你的购物网站营造出一种氛围，让用户感觉到在这种氛围内购买你的产品就是一种享受。

3. 仓储物流服务

随着电子商务日益发展，物流配送业务也日趋庞大，甚至出现了供不应求的市场局面。因此仓储物流行业在近几年变得异常火爆，这类企业主要业务除了仓储、代发货、物流配送，还包括了配送跟踪、终端消费者退货投诉处理等业务。而一家全面的仓储物流公司还会帮助供应商提供具体的物流解决方案，比如高效的配送方案、低成本的配送选择，等等。而这类企业主要集中在上海、北京、广州这些资源集中型城市。

4. 支付方式

大部分 B2C 网站只是选择两三种简单的支付方式，其实，支付方式是否便捷，直接决定着用户的购买欲望。大部分消费者都属于冲动型购物者，如果在购物过程中遇到了一些麻烦的话，这些消费者就会转化成理智型购物者。所以，支付越便捷，对 B2C 的销售越有好处。这条特别的重要。中国的 SP 行业之所以能够有如此疯狂的市场，最大的原因就是其支付的便捷性。如果 SP 的服务都是采用去邮局汇款的支付方式的话，不可能会有今天的市场表现。如果要做 B2C 行业，一定要把支付方式做到行业标准之上，做到最便捷的话，对销售特别有好处。

5. 盈利渠道

比如收取服务费，采取会员制，根据不同的方式及服务的范围收取会员的会费；降低价格，扩大销售量。价格的低廉，吸引网上买家，点击率提高，访问量持续攀升。

6. B2C 网站组成

为顾客提供在线购物场所的商场网站；负责为客户所购商品进行配送的配送系统；负责顾客身份的确认及货款结算的银行及认证系统。

要点5　O2O模式——如何做到线上接单与线下体验

一、O2O模式定义

O2O 即 Online to Offline（在线离线 / 线上到线下），是指将线下的商务机会与互联网结合，让互联网成为线下交易的前台。这个概念最早来源于美国。O2O 的概念非常广泛，只要产业链中既可涉及线上，又可涉及线下，就可通称为 O2O。

二、O2O模式产生与发展

2013 年 O2O 进入高速发展阶段，开始了本地化及移动设备的整合，于是 O2O 商业模式横空出世，成为 O2O 模式的本地化分支。将线下商务的机会与互联网结合在了一起，让互联网成为线下交易的前台。这样线下服务就可以用线上来揽客，消费者可以用线上来筛选服务，还有成交可以在线结算，很快达到规模。该模式最重要的特点是：推广效果可查，每笔交易可跟踪。国内经典网络公司，如：58 同城，拉手团购等都是 O2O 模式的先驱。国内首家社区电子商务开创者——九社区是该模式的鼻祖。

采用 O2O 模式经营的网站已经有很多，团购网就是其中一种，另外还有一种是为消费者提供信息和服务的网站。值的一提的是，在业内受到争议，且已在全国建立 20 余家实体店铺的青岛某品牌所推行的 ITM 网购与 O2O 模式有所不同，无论是经营理念、经营构架，还是经营方式与传统 O2O 模式均不同。如，传统的 O2O 更注重线上交易，而 ITM 模式则更偏重于线上预订，线下交易；传统 O2O 模式的实际经营可适用于办公室等任何实体经营场所，而 ITM 模式则采用以店铺式经营。

三、经营程序

线上线下对接，线上订购的商品或者服务，如何到线下领取？专业的话语是线上和线下如何对接？这是 O2O 实现的一个核心问题。用得比较多的方式是电子凭证，即线上订购后，购买者可以收到一条包含二维码的短彩信，购买者可以凭借这条短彩信到服务网点经专业设备验证通过后，即可享受对应的服务。这一模式很好地解决了线上到线下的验证问题，安全可靠，且可以在后台统计服务的使用情况，方便消费者的同时，也方便了商家。

O2O 社区化消费综合平台，与团购的线上订单支付、线下实体店体验消费的模式有所不同，多拿网创造了全新的线上查看商家或活动，线下体验消费再买单的新型 O2O 消费模式。有效规避了网购所存在的不确定性和线上订单与线下实际消费不对应的情况，并依托二维码识别技术应用于所有地面。

四、市场服务

O2O 模式的核心很简单，就是把线上的消费者带到现实的商店中去——在线支付购买线下的商品和服务，再到线下去享受服务。联盟商家，锁定消费终端，打通消费通路，最大化地实现信息和实物之间、线上和线下之间、实体店与实体店之间的无缝衔接，创建一个全新的、共赢的商业模式。网站涵盖了休闲娱乐、美容美发、时尚购物、生活服务、餐饮美食等多种品类，旨在打造一个绿色、便捷、低价的O2O购物平台，为用户提供诚信、安全、实惠的网购新体验。

要点6　BNC模式——如何让企业—网站—个人利益最大化

一、BNC模式定义

BNC模式（business name consumer），是指将企业、网站、个人以减少中间环节，让企业利益最大化、终端买家价格最低化的一种新的商业模式。

二、BNC模式特点

智能商城BNC具有B2C、C2C、O2O等模式的优势，同时解决了以上模式解决不了的弊端，做到了快速免费地推广企业和产品，每个人拥有自己姓名的商城，从而最大限度地挖掘出每个人的资源和潜力。智能商城是一个集高端云技术和独特裂变技术为一体的网络平台。这是一个超越所有传统商业模式和电子商务模式的新型商务模式。这是一个真正符合广大消费者零起步创业的舞台。它终将走遍中国，走向世界，引领世界经济潮流。

三、市场前景

BNC模式悄然兴起，它是以商家、消费者和个人姓名组成的独立消费平台，让每个人都拥有自己姓名的产权式独立网站。它的特点是快速裂变，抑制同行模仿，项目启动一年竟无人模仿得了，这将是互联网及电子商务的最大创举，同时也让电子商务快速进入后电子商务时代，从而结束诸侯混战的时代。

项目三　创业画布

要点1　价值主张、收入来源及成本结构的具体描绘

一个商业模式，是对一个组织如何行使其功能的描述，是对其主要活动的提纲挈领的概括。它不仅定义了公司的客户、产品和服务，还提供了有关公司如何组织以及创收和盈利的信息。商业模式还描述了公司的产品、服务、客户市场以及业务流程。其要素包括：重要伙伴、关键业务、核心资源、价值主张、客户关系、渠道通路、客户细分、收入来源及成本结构等。企业商业模式要素之间的关系如图 5-1 所示。

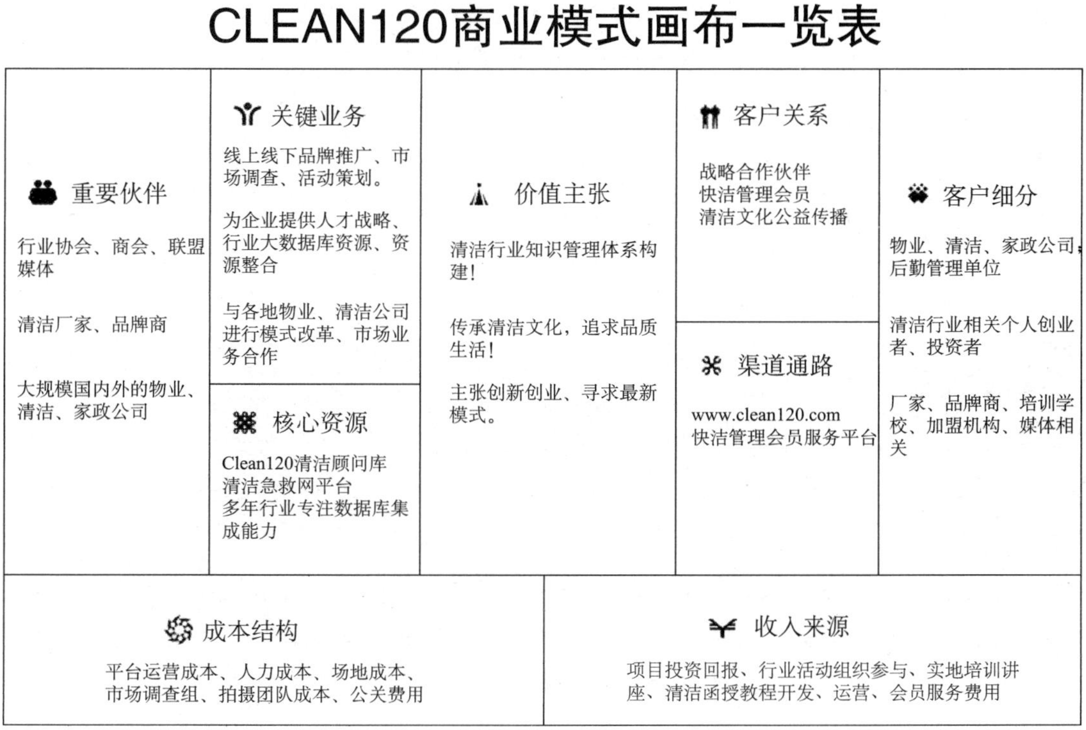

图 5-1　企业商业模式要素之间的关系

一、价值主张——为客户提供什么？

1. 价值主张含义

价值主张是一项陈述，是指对客户真实需求产品或服务的深入描述，解决商业上的痛点。它包括企业承诺提供的全部利益，比企业产品的核心定位更重要，需要全面陈述顾客从企业在市场中所提供的产品或服务中所获得的利益，顾客与供应商的互动关系过程中的所有体验。

案 例

价值取向

长虹创始于1958年，公司前身国营长虹机器厂是我国“一五”期间的156项重点工程之一，是当时国内唯一的机载火控雷达生产基地。从军工立业、彩电兴业，到信息电子的多元拓展综合型跨国企业集团。2015年长虹品牌价值达1 135.18亿元人民币，在中国企业500强排名第152位，居中国制造业500强第64位。旗下拥有四家上市公司：四川长虹（600839.SH）、美菱电器（000521.SZ）、华意压缩（000404.SZ）、长虹佳华（08016.HK）。坚持以用户为中心、以市场为导向，强化技术创新，夯实内部管理，积极培育核心技术能力，构建消费类电子技术创新平台，立足互联网面向物联网，大力实施智能化战略，不断提升企业综合竞争能力，逐步将长虹建设成为全球值得尊重的企业。长虹凭借资金与规模优势，坚决奉行全面成本领先，因此在价格战中，始终掌控住了竞争的主导权。2003年后，虽然由于顾客价值取向的变化，在中高档市场成为了跟跑者；但是在价格战再次爆发的时候，它又迅速地夺回了市场的主导权。与长虹相反，海信是产品创新领先战略的楷模。在众多厂家不顾一切地投身价格绞肉机的岁月里，它始终坚持数字电视技术与产品的研发。等到2003年，顾客价值取向出现变化时，它迅速脱颖而出，成为市场领跑者。

海信虽然是产品创新领先战略的代表企业，但在价格战中并没有置身事外，而是使自己成为最靠近长虹的跟跑者之一。正因为如此，在顾客价值取向发生变化时，才能在最短的时间内超越所有对手，成为市场的新领导者。

2. 价值取向发展策略

价值取向稳健而持续发展策略，首先，对顾客价值取向的发展趋势作出正确的判断，对未来市场竞争趋势作出正确的阶段性预测。其次，根据自己的资源结构特点，进行战略选择。最后，在顾客价值取向发生不利于自身战略的转变时，要做出色的跟跑者。

二、收入来源——盈利渠道有几条？

1. 收入来源含义

收入来源是指企业在日常活动中所形成的，会导致所有者权益增加的，非所有者投入资本的经济利益的总流入，包括销售商品收入、劳务收入、让渡资产使用权收入、利息收入、租金收入、股利收入等，但不包括为第三方或客户代收的款项。

2. 收入分类

（1）按照企业从事日常活动的性质，可以将收入分为销售商品收入、提供劳务收入、过渡资产使用权收入、建造合同收入等。

（2）按照企业从事日常活动在企业的重要性，可将收入分为主营业务收入、其他业务收入。

（3）按照税法计入收入项目，包括企业的销售货物收入、提供劳务收入、转让财产收入、股息红利等权益性投资收益、利息收入、租金收入、特许权使用费收入、接受捐赠收入、企业资产溢余收入、确实无法偿付的应付款项、企业已作坏账损失处理后又收回的应收款项、债务重组收入、补贴收入、违约金收入、视同销售收入，等等，都应当计入收入总额。

3. 收入确认条件

收入确认应当符合以下条件：

（1）与收入相关的经济利益应当很可能流入企业。

（2）经济利益流入企业的结果会导致资产的增加或者负债的减少。

（3）经济利益的流入额能够可靠计量。

三、成本结构——获利应承担的代价

成本结构可以反映产品的生产特点，从各个费用所占比例看，有的大量耗费人工，有的大量耗用材料，有的大量耗费动力，有的大量占用设备引起折旧费用上升等。成本结构在很大程度上还受技术发展、生产类型和生产规模的影响。

案 例

洗衣粉与软件业

一般一袋洗衣粉的价钱大约 20 元，约有 15% 的利润，成本是价格的 85% 左右。成本因素主要包括香精、漂白粉及各种洗涤成分等原料费和员工工资（即劳动力成本），此外还有分销成本和运输费。其中，员工工资标准基本上占总成本的 20% 的范围内。再看看软件开发产业。它最大的成本是智力，是开发能源的时间，即工资，至少要占到 40%～50%；其他的日常管理维护费用可能占 10% 左右，利润占 50% 左右。软件产品的价格一般不低，所以员工薪金相对就比较高。成本结构中智力所占的份额越大，工资标准就越高，这是一个很简单的道理。业务性质由行业的成本结构所决定，不管什么体制的企业都有一个共同的行业基础。

1. 成本结构含义

成本结构是指企业产品成本中各项费用，如，原材料、工资薪金、机器设备折旧、销售宣传、技术指导、产品研发、能源消耗、利息支出、土地使用费、管理服务等成本项目各占总成本的比重。当某种生产因素成本占企业总成本比重愈高，该生产因素便成为企业主要风险。

2. 成本项目构成

成本项目构成主要有：

（1）主营业务成本，主要包括原材料、直接人工费、制造费用等。

（2）其他业务成本，主要指劳务费支出、租赁费支出、销售原材料成本等。

（3）期间费用，主要指销售费用、管理费用、财务费用等。

3. 成本结构分析

（1）对各个成本项目的上年实际数、本年计划数、本年实际数的增减变动情况进行观察，了解其增减变动额和变动率。

（2）将本期实际成本的结构同上年实际成本的结构和计划成本的结构进行对比，结合各个项目成本的增减情况，了解成本结构的变动情况。

（3）结合其他有关资料如产品各类、工艺技术、消耗定额、劳动生产率、设备利用率等方面的变化情况，进一步分析各个项目成本发生增减及成本结构发生变化的原因。

分析结果若发现，产品成本超过了总成本的六成，就应采取措施降低产品成本，提高生产效率。

要点2　客户细分、客户关系及渠道通路的具体描绘

一、客户细分——目标客户在哪里？

客户细分，是指你的目标用户群，可以是一个客户或多个客户的集合。

1. 客户细分含义

客户细分是指企业在明确的战略业务模式和特定的市场中，根据客户的属性、行为、需求、偏好以及价值等因素对客户进行分类，并提供有针对性的产品，服务和销售模式按照客户的外在属性分层。要求企业提供有针对性的符合客户需求的产品和服务，满足客户多样化的异质性的需求。

2. 客户细分方法

一般来说，客户细分可以根据以下三个方面来进行考虑：

（1）外在属性。如客户的地域分布，客户的产品拥有，客户的组织归属——企业用户、个人用户、政府用户等。通常，这种分层最简单、直观，数据也很容易得到。但这种分类比较粗放，我们依然不知道在每一个客户层面，谁是优质客户，谁是一般客户，谁是较差客户。平常我们只知道哪一类客户属于大企业客户，哪一类客户可能消费能力更强。

（2）内在属性。内在属性是指行为客户的内在因素所决定的属性，比如性别、年龄、信仰、爱好、收入、家庭成员数、信用度、性格、价值取向等。

（3）消费行为分类。对客户消费行为的分析，即所谓 RFM：最近消费、消费频率与消费额。这些指标都需要在账务系统中得到。但并不是每个行业都能适用。在通信行业，对客户分类主要依据这样一些变量：话费量、使用行为特征、付款记录、信用记录、维护行为、注册行为等。按照消费行为来分类通常只能适用于现有客户，对于潜在客户，由于消费行为还没有开始，消费分层无从谈起。即使对于现有客户，消费行为分类也只能满足企业客户分层的特定目的，如奖励贡献多的客户。至于找出客户中的特点为市场营销活动找到确定对策，则要做更多的数据分析工作。

二、客户关系——怎样与客户打交道?

客户接触到你的产品后，企业与客户之间应建立怎样的关系？一次买卖后可否保持长期合作?

1. 客户关系含义

客户关系是指企业为达到其经营目标，主动与客户建立起的某种联系。这种联系可能是单纯的交易关系，也可能是通信联系，也可能是为客户提供一种特殊的接触机会，还可能是为双方利益而形成某种买卖合同或联盟关系，如图 5-2 所示。

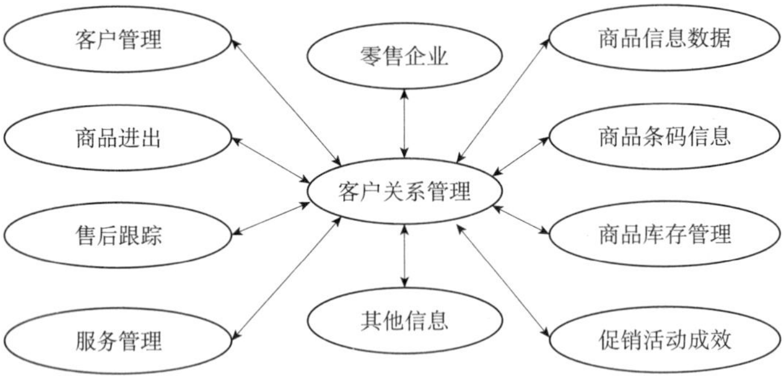

图 5-2　客户关系管理

2. 客户关系类型

（1）买卖关系

一些企业与其客户之间的关系维持在买卖关系水平，客户将企业作为一个普通的卖主，销售被认为仅仅是一次公平交易，交易目的简单。企业与客户之间只有低层次的人员接触，企业在客户企业中知名度较低，双方较少进行交易以外的沟通，客户信息极为有限。客户只是购买企业按其自身标准所生产的产品，维护关系的成本与关系创造的价值均极低。无论是企业损失客户还是客户丧失这一供货渠道，对双方业务并无太大影响。

（2）优先供应关系

企业与客户的关系可以发展成为优先选择关系。处于此种关系水平的企业，销售团队与客户企业中的许多关键人物都有良好的关系，企业可以获得许多优先的甚至独占的机会，与客户之间信息的共享得到扩大，在同等条件下乃至在竞争对手有一定优势的情况下，客户对企业仍有偏爱。

（3）合作伙伴关系

当双方的关系存在于企业的最高管理者之间，企业与客户交易长期化，双方就产品与服务达成认知上的高度一致时，双方进入合作伙伴阶段。在这个阶段，企业深刻地了解客户的需求并进行客户导向的投资，双方人员共同探讨行动计划，企业对竞争对手形成了很高的进入壁垒。客户将这一关系视为垂直整合的关系，客户企业中的成员承认两个企业间的特殊关系，他们认识到企业的产品和服务对他们的意义，有着很强的忠诚度。在此关系水平上，价值由双方共同创造，共同分享。企业对客户成功地区别于其竞争对手、赢得竞争优势发挥重要作用。双方对关系的背弃均要付出巨大代价。企业对客户信息的利用表现在战略层面，关系的核心由价值的分配转变为新价值的创造。

（4）战略联盟关系

战略联盟是指双方有着正式或非正式的联盟关系，双方的目标和愿景高度一致，双方可能有相互的股权关系或成立合资企业。两个企业通过共同安排争取更大的市场份额与利润，竞争对手进入这一领域存在极大的难度。现代企业的竞争不再是企业与企业之间的竞争，而是一个供应链体系与另一个供应链体系之间的竞争，供应商与客户之间的关系是“内部关系外部化”的体现。

这四类关系并无好坏优劣之分，并不是所有企业都需要与客户建立战略联盟。只有那些供应商与客户之间彼此具有重要意义且双方的谈判能力都不足以完全操控对方，互相需要，又具有较高转移成本的企业间，建立合作伙伴以上的关系才是恰当的。而对大部分企业与客户之间的关系来说，优先供应级的关系就足够了。因为关系的建立需要资源，如果资源的付出比企业的所得还多，那么这种关系就是“奢侈的”。

三、渠道通路——通过什么途径运作？

企业和客户如何产生联系？不管是企业找到客户还是客户找到企业，如实体店、网店、中介等，他们通过什么途径运作？

1. 渠道通路含义

渠道通路是指促使产品或服务顺利地被使用或消费的一整套相互依存的组织，其最终目的在于让产品和服务以最有效的方式被消费。营销渠道是指某种货物或劳务从生产者向消费者移动时，取得这种货物或劳务所有权或帮助转移其所有权的所有企业或个人。初创企业，有很多的选择，渠道的选择就是商业模式的选择。商业模式的选择，就是企业竞争力打造的方向，是由这个企业品类产品的通路模式确定的。

2. 渠道战略设计

（1）当前环境分析：审视公司渠道现状、目前的渠道系统，搜集渠道信息，分析竞争者渠道。

（2）制定短期的渠道对策：评估渠道的近期机会，制定近期进攻计划。

（3）渠道系统优化设计：最终用户需求定性分析，最终用户需求定量分析，行业模拟分析，设计“理想”的渠道系统。

（4）限制条件与差距分析：设计管理限制、差距分析。

（5）渠道战略方案决策：制定战略性选择方案、最佳渠道系统的决策。

要点3　关键业务、重要伙伴及核心资源的具体描绘

一、关键业务——能提供哪些具体业务？

关键业务是指商业运作中必须要从事的具体业务。

1. 关键业务含义

关键业务也是创造和提供价值主张、接触市场、维系客户关系并获取收入的基础。而关键业务也会因商业模式的不同而有所区别。例如，对于微软等软件制造商而言，其关键业务包括软件开发。对于戴尔等电脑制造商来说，其关键业务包括供应链管理。对于麦肯锡咨询企业而言，其关键业务包含问题求解。

2. 关键业务种类

（1）制造产品：这类业务活动涉及生产一定数量或满足一定质量的产品，与设计、制造及发送产品有关。制造产品这一业务活动是企业商业模式的核心。

（2）问题解决：这类业务指的是为个别客户的问题提供新的解决方案。咨询公司、医院和其他服务机构的关键业务是问题解决。它们的商业模式需要知识管理和持续培训等业务。

（3）平台 / 网络：以平台为核心资源的商业模式，其关键业务都是与平台或网络相关的。网络服务、交易平台、软件甚至品牌都可以看成是平台。此类商业模式的关键业务与平台管理、服务提供和平台推广相关。

3. 关键业务区别

区分关键业务是十分重要的，谨防企业陷入高成本 IT 投入的怪圈里。

一般把业务应用和服务按照 RTO① 和 RPO② 两个维度来评估。企业的各个业务部门都认为自己业务的应用很重要，都属于关键业务。对关键业务的关键程度进行量化，按照 2∶8 原则进行量化。其实只有小部分应用属于关键业务。通过区分关键业务应用，将会大大降低整体 IT 的投资成本。

二、重要伙伴——谁是我的合作伙伴?

重要伙伴，即哪些人或机构可以给予我们企业的战略支持。

① RPO (Recovery Point Objective，) 复原点目标，是指当服务恢复后，恢复得来的数据所对应的时间点。如果企业每天凌晨零时进行备份一次，当服务恢复后，系统内储存的只会是最近灾难发生前那个凌晨零时的资料。

② RTO (Recovery Time Objective) 复原时间目标，是企业可容许服务中断的时间长度。比如说灾难发生后半天内便需要恢复，RTO 值就是十二小时。

根据以上两个简单的原则，企业不但可以对现有的数据系统备份，也可以按照既定的 RPO 及 RTO 要求，选购最适合的灾备方案。

1. 合作伙伴含义

合作伙伴是一种合作过程中能力的互补，通过能力的互补达到成功或发展壮大的目的。当然，既然是合作伙伴，就要做到共同投资，有福共享，风险共担。所以，创业一般需要有合作伙伴，当然，你自己的能力和实力能够做到的事情也可以不用合作伙伴。

2. 合作伙伴目标

创业要齐心才好，合作需要有一个共同的目标。在合作之前最好事先约定好，以至于一旦出现争议可找到解决办法。一般一个公司两个老板很容易会出现分歧，如果两个老板彼此意见不合互相诋毁的话，那么下面的员工也会感到迷茫。

3. 伙伴合作内容

（1）要有一个保障制度。确保每一个股东的合法权益。

（2）几个合伙人中要有一个大股东，可以左右局面。

（3）建立企业的组织构架图。明确第一个岗位的责、权、利。

（4）面向社会招聘优秀人才，不能由股东完全代替公司的运作。

（5）定期召开董事会。

（6）建立监督制度。

（7）逐步创建企业文化。

三、核心资源——我已具备了哪些资源?

为了提供并销售这些价值，你必须拥有的资源，如资金、技术、人才。

1. 核心资源含义

核心资源是指有价值的、稀缺的、不完全模仿和不完全替代的资源，它是企业持续竞争优势的源泉，也指在固有的广泛资源中占比较大比重的资源。在企业中，核心资源需求涵盖人力资源、科技资源、原材料资源、能源资源及地理资源等。狭义的核心资源是指为企业创造价值与竞争优势中形成的关键性的人才。根据产品或服务的特性对应各种不同资源需求依赖度，在满足产品供应及产出或针对需求市场的不同，会形成同行业的竞争点，综合资源的优势是核心竞争实力评估的重要组成部分。

2. 核心资源种类

核心资源主要有以下几类：

（1）人才，是指具有一定的专业知识或专门技能，进行创造性劳动，并对社会作出贡献的人，是人力资源中能力和素质较高的劳动者。

（2）技术，是指制造一种产品的系统知识，所采用的一种工艺或提供的一项服务，不论这种知识是否反映在一项发明、一项外形设计、一项实用新型或者一种植物新品种中，或者反映在技术情报或技能中，或者反映在专家为设计、安装、开办或维修一个工厂或为管理一个工商企业或其活动而提供的服务或协助等方面。

（3）资金，是指经营工商业的本钱，国家用于发展国民经济的物资或货币，可表现为房屋、机器设备等的固定资产和表现为原材料、在制品、制成品、商品、银行存款等的流动资金。

（4）社会关系，是指企业或人们在共同的物质和精神活动过程中所结成的相互关系的总称，即企业与企业或人与人之间的一切关系。

3. 核心资源获取途径

初创企业在这个资源争夺比较激烈的时代要想生存发展，必须找到足够的资源来支持自身的发展。哪些资源是创业企业最需要的资源？调研结果显示，大多数初创企业目前都处在人才、资金、技术等“饥荒”状态。企业具备适应市场项目就会自然地吸引那些顶尖人才。资金也会因为你的产品符合了市场的需求而向你靠拢，获得投资。融资和招聘人才就能获得成功，技术问题便会迎刃而解。

项目四 如何设计商业模式

商业模式是一种包含了一系列要素及其关系的概念性工具，用以阐明某个特定实体的商业逻辑。在这个模式制胜的时代，商业模式设计关乎企业成败，企业该如何设计自己的商业模式呢？建议根据发现和验证商机、市场把控、产品创意、产品定位、财务分析和提供组织保障 6 个步骤设计适合自己的商业模式。

一、发现和验证商机

企业必须先明确为哪部分人服务，锁定一个相对狭窄的市场，进行市场调研和客户消费心理研究，把有限的资源用在刀刃上。其次，企业要花时间去研究这部分目标客户目前存在什么问题。最后，我们必须把客户需求分层，即重要而且迫切的需求、重要但不迫切的需求、迫切但不重要的需求还是既不重要也不迫切的需求。如果能把握住客户既重要又迫切的需求，就容易成功。企业还需考虑的是客户的购买动机，通常来说，温饱型客户最关心经济因素（即价格），小康型客户最关心功能（实用价值），而富裕型客户最关心心理因素（面子）。因此，小众化群体所处的社会阶层会影响他们对各种解决方案的价值评估。

如何给客户提供独到的价值呢？企业可以从以下 4 个方面考虑：

第一，你强化了什么要素？即那些比现有解决方案更好的方面。

第二，你弱化了什么要素？即把那些客户并不在意的、费力不讨好的东西尽量减少，或降低标准。

第三，你去掉了什么要素？即把那些客户用不到的功能去掉。

第四，你创新了什么要素？即那些独创的方面。

有了初步的产品创新设想后，企业必须与目标客户沟通，检验自己的想法是否有实际意义。同时，还必须了解客户是否愿意支付一定的代价来消费这个产品，他们的切实成本有多高，这是市场调研时最容易忽视的一点。介绍企业时要能用最简单的语言把自己要干的事说清楚，把客户、供应商、合作伙伴等相关者的关系描述出来。最好的办法就是画图，把自己的想法用一张图表现出来，这就是图形化思考、沟通。之后，企业必须去整合相应的外部资源，把商业模式图上涉及的核心单元、上下游企业、各种合作伙伴、各种外围资源都考虑进来。接下来要考虑的是价值链上各个利益相关者如何受益，这是每个参与者一定会考虑的问题。

二、市场把控

必须清醒认识到，在一个相对稳定的市场中很难发现好机会，商机往往出现在经济转折点上，出现在社会急剧变化时期，现阶段正是创新创业大好时机，不容错过。这一环节要求企业分析竞争的状况，包括分析竞争对手和潜在竞争对手的实力。中小企业一般都缺少资本积累，不能急于直接向大企业、品牌发起进攻，可以采用迂回包抄战术，不与任何企业发生正面冲突。通过错位竞争，用独有产品价值去开辟新市场。把握好发展时机，寻找触发点，推出企业畅销产品。

三、产品创意

产品创意最好可以总结成一句话，即在 30 秒内能将产品的价值定位说清楚，让人听了以后产生共鸣、引起兴奋。有了完整的产品创意思路，就要走出去与客户沟通创意，听取客户对创意的反馈，以便掌握客户的态度和反应。要想让目标客户理解产品的价值和作用，最好的办法就是做一个样品，可以是电子版的模拟样品（通过电脑来演示幻灯片），也可以是真正的样品。总之要让客户看得见、摸得着，这比文字或口头说明要好很多。概念测试的结果很容易指导市场人员总结提炼出产品的价值诉求。

这里介绍一下 FAB 分析法：F（features）是指这个产品有哪些特点，主要是产品本身固有的一些特点；A（advantages）是说这个产品与同类产品相比有什么优点，强调与众不同之处，是一个相对的比较优势概念；B（benefits）是说这个产品给目标客户带来了什么利益和价值，侧重于客户的“买点”和消费动机。FAB 提炼出来之后，产品的价值诉求就出来了，客户购买的理由也充分了。不同层次的消费者在选择产品时关注的重点不同，任何产品都很难在价格、实用价值和面子三个方面同时实现突破。企业要根据目标客户群的层次，确定自己的产品在哪个方面必须超越竞争对手，这样才能给客户一个选择你的理由。

四、产品定位

到了产品定位阶段就需要考虑完整产品的概念。完整的产品由三个层次组成：最里层是核心层，主要包括性能、指标、功能、品质等，是产品发挥作用的关键因素；第二层是外围层，主要是增值服务，目的是让客户更好地发挥核心产品的功效，比如售前 / 售后服务、电话咨询服务等；第三层是外延层，主要是客户体验与感觉。中小企业最好靠外围产品和外延产品的差异化去吸引客户。产品定义完成之后，就要把第 2 版的样品做出来，接下来就要进行 Focus Group① 测试，其中一个重要的测试参数就是“哇”效应，即当客户第一眼看到这个产品时，有多少人感到惊讶。

产品定位中一项重要的工作就是定价，因为定价的背后是产品的定位。定价方法可以分成优质优价、优质同价、同质低价、低质低价 4 种，企业应根据自己的客户层次选择合适的定价方法。

产品出来后通过什么渠道走向市场，也是在产品定位阶段必须完成的一项工作，即明确从厂家到客户需要经过哪些中间环节。最好能以关系图的形式表示，让人简捷明了地看清楚各个渠道之间的关系。为了提高销售环节的效率和成功率，给目标客户留下良好的印象，企业应先做市场，再做销售，即先设计好产品的统一说辞，明确产品的价值定位，给销售人员准备好“枪炮弹药”。统一说辞从何而来？它基于产品概念和定位阶段完成的 FAB 分析。

五、财务分析

有了一个好的产品，还需要作出精密的销售计划，要按照不同的销售渠道、不同的地域进行划分。销售指标分解到人以后，就要求每个销售人员制定销售计划。除此之外，还要考虑销售人员和渠道人员的培训，教会他们如何销售、与客户沟通，甚至如何“卖思想”，目的是提高销售人员的成功率，进而提升士气。

① Focus Group：焦点小组，也称焦点团体、焦点群众，是在可用性工程中使用得比较多的一种方法，通常用于产品功能的界定、工作流程的模拟、用户需求的发现、用户界面的结构设计和交互设计、产品的原型的接受度测试、用户模型的建立等。因此可以就某一产品、服务、概念、广告和设计，而通过询问和面谈的方式采访一个群体以获取其观点和评价。该焦点小组的成员往往经过实验者选择而定，并保证在实验过程中被试方能够充分分享其意见和主张。

接下来，企业要根据销售指标来确定未来一年的资源分配计划，落实人、财、物三方面的资源。指标高的部门配套资源就多，反之则少，管理层运用利益驱动的办法来激励员工是一条非常有效的途径。将人、财、物这些固定成本落实，剩下的就是运营费用等可变成本。有了销售指标、固定成本和可变成本的预算，一年的财务分析就出来了，衡量企业管理水平的运营利润也就可以算出来了，所有的参数都可以量化。

对于风险投资者来说，在审核一个创业项目时，最关心的问题是如何实现销量倍增，也就是关注这样的产品、商业模式是否存在倍增的机制。对于那些希望得到风险投资的新项目来说，必须把产品和商业模式的倍增机制表达清楚。

六、提供组织保障

仅有好的产品、商业模式和财务分析还不够，企业的组织设计也要合理，这是实现企业目标的组织保障。对于创业项目来说，一定要说清楚发起人和核心团队成员的优势，让投资者看后感到放心。此外，企业要向投资者展示未来的组织架构是怎么设计的，最好能用一张图来描述；同时，还要把股权结构展示给投资者看。对风险投资者来说，如何退出是优先考虑的一个问题，他们需要一种机制来得到收益，而不是作为长期的股东持有股份。凡是想通过吸引风险投资来发展的创业者，必须要有思想准备：公司做大了就不是自己的了，要么上市成为公众公司，要么被其他企业收购。当然，为了防止投资者、发起人或其他创业股东过早退出，可以事先商定投资者退出的时间表和基本原则。

商业模式的设计应遵循上述 6 个步骤，通过借鉴国外已经成功的商业模式，根据中国国情和行业特征加以改进和创新，自己实际发明一套商业模式。根据市场调研的结果及寻找到的产品创新的源泉，并根据自身实力与行业竞争状况，用全新的思维去改变目前市场上的游戏规则，甚至颠覆行业多年来形成的游戏规则等方式，才有可能设计出能提供独特价值、难以复制、脚踏实地的商业模式。希望初创企业可以在实践中探索与构建适合自身的商业模式，在市场竞争中取得快速、持续的发展。

模块六
创业风险

【教学目标】

1. 通过学习，能够熟悉创业风险的类型与内容。
2. 通过学习，能够了解创业风险的危害性。
3. 通过学习，能够熟悉创业风险的规避方法。

“生活是公平的，哪怕吃了很多苦，只要你坚持下去，一定会有收获，即使最后失败了，你也获得了别人不具备的经历。”

——马云

项目一 创业风险分析

关于创业风险，目前还没有统一观点，一般认为创业风险就是指在创业中由于存在创业环境的不确定性，创业机会与创业企业的复杂性，创业者、创业团队与创业投资者的能力和实力的有限性，政策的调整，市场的变化，财务的失控等因素而导致创业活动偏离预期目标的可能性及其后果。

要点1　创业风险的来源

创业风险在一定的宏观条件下，往往就直接来源于这些问题 。

一、方向把控问题

创业者对国家政策、地方政府政策、国际国内市场状况及未来发展趋势要有初步的正确的把控。能将概念转化为有市场的产品原型（这种产品原型有令人满意的性能，对其生产成本有足够的了解并且能够识别其是否有足够的市场）。创业者可以证明其构想的可行性，将其实现商品化，可能会给创业带来一定的风险等。

二、管理问题

管理缺口是指创业者并不一定是出色的企业家，不一定具备出色的管理才能。进行创业活动主要有两种：一是创业者利用某一新技术进行创业，他可能是技术方面的专业人才，但却不一定具备专业的管理才能，从而形成管理缺口；二是创业者往往有某种“奇思妙想”，可能是新的商业点子，但在战略规划上不具备出色的才能，或不擅长管理具体的事务，从而形成管理问题。

三、信息和信任问题

在创业中，存在两种不同类型的人：一是管理者（投资者）；二是企业员工。他们之间对创业有不同的预期、信息来源和表达方式。管理者（投资者）通常比较了解将新产品引进市场的程序，但当涉及具体项目的具体操作时，不得不相信企业员工，可以说管理者（投资者）是在拿别人的钱冒险。如果管理者（投资者）不能和企业员工充分信任对方，或者不能够进行有效的交流，那么这一问题将会变得更深，带来更大的风险。

四、资金问题

资金是企业运营的血液，资金与创业者之间的关系密切。没有创业所需的资金，创业者将一筹莫展，创业也就无从谈起。在大多数情况下，创业者不可能拥有所需的全部资金，这就形成了资金缺口问题。如果创业者没有足够的能力得到相应的资金弥补，创业将无法起步或受制于人。

要点2　创业主要具体风险分析

在创业过程中可能会存在以下一些主要具体风险。

1. 项目选择太盲目

大学生创业时如果缺乏前期市场调研和论证，只是凭自己的兴趣和想象来决定投资方向，甚至仅凭一时心血来潮做决定，创业开始后一定会碰得头破血流。

大学生创业者在创业初期一定要做好市场调研，在了解市场的基础上创业。一般来说，大学生创业者资金实力较弱，选择启动资金不多、人手配备要求不高的项目，从小本经营做起比较适宜。

2. 缺乏创业技能

很多大学生创业者眼高手低，当创业计划转变为实际操作时，才发现自己根本不具备解决问题的能力，这样的创业无异于纸上谈兵。一方面，大学生应去企业打工或实习，积累相关的管理和营销经验；另一方面，积极参加创业培训，积累创业知识，接受专业指导，提高创业成功率。

3. 资金风险

资金风险在创业初期会一直伴随在创业者的左右。是否有足够的资金创办企业是创业者遇到的第一个问题。企业创办起来后，就必须考虑是否有足够的资金支持企业的日常运作。对于初创企业来说，如果连续几个月入不敷出或者因为其他原因导致企业的现金流中断，都会给企业带来极大的威胁。相当多的企业会在创办初期因资金紧缺而严重影响业务的拓展，甚至错失商机而不得不关门大吉。

另外如果没有广阔的融资渠道，创业计划只能是一纸空谈。除了银行贷款、自筹资金、民间借贷等传统方式外，还可以充分利用风险投资、创业基金等融资渠道。

4. 社会资源贫乏

企业创建、市场开拓、产品推介等工作都需要调动社会资源，大学生在这方面会感到非常吃力。平时应多参加各种社会实践活动，扩大自己人际交往的范围。创业前，可以先到相关行业领域工作一段时间，通过这个平台，为自己日后的创业积累人脉。

5. 管理风险

一些大学生创业者虽然技术出类拔萃，但理财、营销、沟通、管理方面的能力普遍不足。要想创业成功，大学生创业者必须技术、经营两手抓，可从合伙创业、家庭创业或从虚拟店铺开始，锻炼创业能力，也可以聘用职业经理人负责企业的日常运作。

创业失败者，基本上都是管理方面出了问题，其中包括：决策随意、信息不通、理念不清、患得患失、用人不当、忽视创新、急功近利、盲目跟风、意志薄弱等。特别是大学生知识单一、经验不足、资金实力和心理素质明显不足，更会增加在管理上的风险。

6. 竞争风险

寻找蓝海是创业的良好开端，但并非所有的新创企业都能找到蓝海。更何况，蓝海也只是暂时的，所以，竞争是必然的。如何面对竞争是每个企业都要随时考虑的事，而对新创企业更是如此。如果创业者选择的行业是一个竞争非常激烈的领域，那么在创业之初极有可能受到同行的强烈排挤。一些大企业为了把小企业吞并或挤垮，常会采用低价销售的手段。对于大企业来说，由于规模效益或实力雄厚，短时间的降价并不会对它造成致命的伤害，而对初创企业则可能意味着面临彻底毁灭的危险。因此，考虑好如何应对来自同行的残酷竞争是创业企业生存的必要准备。

7. 团队分歧的风险

现代企业越来越重视团队的力量。创业企业在诞生或成长过程中最主要的力量来源一般都是创业团队，一个优秀的创业团队能使创业企业迅速地发展起来。但与此同时，风险也就蕴含在其中，团队的力量越大，产生的风险也就越大。一旦创业团队的核心成员在某些问题上产生分歧不能达到统一时，极有可能会对企业造成强烈的冲击。

事实上，做好团队的协作并非易事。特别是与股权、利益相关联时，很多初创时很好的伙伴都会闹得不欢而散。

8. 核心竞争力缺乏的风险

对于具有长远发展目标的创业者来说，他们的目标是不断地发展壮大企业，因此，企业是否具有自己的核心竞争力就是最主要的风险。一个依赖别人的产品或市场来打天下的企业是永远不会成长为优秀企业的。核心竞争力在创业之初可能不是最重要的问题，但要谋求长远的发展，就是最不可忽视的问题。没有核心竞争力的企业终究会被淘汰出局。

9. 人力资源流失风险

一些研发、生产或经营性企业需要面向市场，大量的高素质专业人才或业务队伍是这类企业成长的重要基础。防止专业人才及业务骨干流失应当是创业者时刻注意的问题，在那些依靠某种技术或专利创业的企业中，拥有或掌握这一关键技术的业务骨干的流失是创业失败的最主要风险源。

10. 意识上的风险

意识上的风险是创业团队内在的风险。这种风险来自于无形，却有强大的毁灭力。风险性较大的意识有：投机的心态、侥幸心理、试试看的心态、过分依赖他人、回本的心理等。

项目二
各种风险的危害性

案例：财务风险

2011 年 9 月 20 日，因资金链断裂，“眼镜大王”胡福林离境出走，据称欠债 20 亿元。2011 年 10 月 9 日，胡福林回国，开始谈判集团的重组事宜。

创业风险存在于创业过程的方方面面，可以说无时不在，无处不在。为便于理解与把握，将其归为政策风险、市场风险、管理风险、财务风险四类。

要点1　政策风险

政策风险是指政府有关证券市场的政策发生重大变化或是有重要的举措、法规出台，引起证券市场的波动，从而给投资者带来的风险。在市场经济条件下，由于受价值规律和竞争机制的影响，各企业争夺市场资源，都希望获得更大的活动自由，因而可能会触犯国家的有关政策，而国家政策又对企业的行为具有强制约束力。另外，国家在不同时期可以根据宏观环境的变化而改变政策，这必然会影响到企业的经济利益。因此，国家与企业之间由于政策的存在和调整，在经济利益上会产生矛盾，从而产生政策风险。

1. 产业结构调整

产业结构调整是当今各国发展经济的重要课题，调整和建立合理的产业结构，目的是促进经济和社会的发展，还有人们物质文化生活的改善。产业结构合理性的主要标志是：能合理利用资源；各产业部门协调发展；能提供社会需要的产品和服务；能提供劳动者充分就业的机会；能推广应用先进的产业技术；能获得最佳经济效益等。

2. 产量限制

国家政府或地方政府为了生态环境保护，而制定限制企业生产数量的一些举措。如环境保护限制生产、停产整治暂行办法，作为 2015 年 1 月 1 日实施的新修订《环境保护法》的配套法规，由环境保护部制定，自 2015 年 1 月 1 日起施行等。它使企业生存发展受到较大的影响。

3. 停业整顿

停业整顿主要是对责令价格违法经营者停业整顿的规定。价格违法经营者拒绝履行停业整顿处罚决定继续营业的，价格主管部门可以申请人民法院强制执行。停业整顿日期从法院强制执行生效之日起计算。

4. 行政处罚

行政处罚是指行政主体依照法定职权和程序对违反行政法规范，尚未构成犯罪的企业给予行政制裁的具体行政行为。行政处罚特征是：实施行政处罚的主体是作为行政主体的行政机关和法律法规授权的组织；行政处罚的对象是实施了违反行政法律规范行为的公民、法人或其他组织；行政处罚的性质是一种以惩戒违法为目的、具有制裁性的具体行政行为。

5. 关停并转

企业“关闭、停办、合并、转产”的简称。我国优化工业结构、整顿企业的措施。实行关停并转的对象主要是下列一些企业：产品长期无销路的；原材料、能源无来源的；工艺技术落后、产品质量差、经营不善而长期亏损的；严重污染环境，无法治理或拒不治理的等等。

要点2　市场风险

市场风险是指由于基础资产市场价格的不利变动或者急剧波动而导致衍生工具价格或者价值变动的风险。基础资产的市场价格包括市场利率、汇率、股票、债券行情的变动。

一、利率风险

1. 重新定价风险

重新定价风险也称为期限错配风险，是最主要和最常见的利率风险形式，源于银行资产、负债和表外业务到期期限（就固定利率而言）或重新定价期限（就浮动利率而言）之间所存在的差异。这种重新定价的不对称性使银行的收益或内在经济价值会随着利率的变动而发生变化。

2. 收益率曲线风险

重新定价的不对称性也会使收益率曲线的斜率、形态发生变化，即收益率曲线的非平行移动，对银行的收益或内在经济价值产生不利的影响，从而形成收益率曲线风险，也称为利率期限结构变化风险。

3. 基准风险

基准风险也称为利率定价基础风险，也是一种重要的利率风险。在利息收入和利息支出所依据的基准利率变动不一致的情况下，虽然资产、负债和表外业务的重新定价特征相似，但是因其现金流和收益的利差发生了变化，也会对银行的收益或内在经济价值产生不利的影响。

4. 期权性风险

期权性风险是一种越来越重要的利率风险，源于银行资产、负债和表外业务中所隐含的期权。

二、汇率风险

汇率风险是指由于汇率的不利变动而导致银行业务发生损失的风险。汇率风险一般因为银行从事以下活动而产生：一是商业银行为客户提供外汇交易服务或进行自营外汇交易活动（外汇交易不仅包括外汇即期交易，还包括外汇远期、期货、互换和期权等金融和约的买卖）；二是商业银行从事的银行账户中的外币业务活动（如外币存款、贷款、债券投资、跨境投资等）。

三、股票价格风险

股票价格风险是指由于商业银行持有的股票价格发生不利变动而给商业银行带来损失的风险。

四、商品价格风险

商品价格风险是指商业银行所持有的各类商品的价格发生不利变动而给商业银行带来损失的风险。这里的商品包括可以在二级市场上交易的某些实物产品，如农产品、矿产品(包括石油)和贵金属等。

要点3 管理风险

管理风险是指管理运作过程中因信息不对称、管理不善、判断失误等影响管理的水平。这种风险具体体现在构成管理体系的每个细节上，可以分为4个部分：管理者的素质、组织结构、企业文化、管理过程。若管理出现问题，将会给企业与管理者造成无法挽回的损失。

一、管理者的素质

管理者因素包括个人和群体的管理层。管理者个人素质因素包括品德、知识水平和能力三方面。品德是推动管理者行为的主导力量，决定其工作愿望和努力程度及外界对他的价值评价，影响着人际关系，对管理效果和效率有直接影响。知识水平体现在管理者对创新过程的理解和进行组织管理上，影响着他与创新的人员交流和沟通。能力反映管理者干好本职工作的本领，包括应具备的心理特征和适当的工作方式。中小企业领导人往往是技术创新的发动机，往往更多地直接参与创新过程；作为能力的另一因素，他的创新意识直接决定着整个企业的创新发展。管理层的素质因素主要是指管理者年龄、知识、能力的结构搭配及互补。

二、组织结构因素

组织结构是指组织内部各级职务职位的权责范围、联系方式和分工协作关系的整体框架，是组织得以持续运转、完成经营管理任务的体制基础。组织结构制度制约着组织内部人员、资金、物资、信息的流，影响着组织目标的实现。因此，组织结构决定着技术创新

的各个环节 对技术创新成败有着决定意义。

中小企业由于其组织结构层次较简单、等级制度不严、人员相对较少，因此信息流动与沟通较为顺畅，技术创新的内容和方向容易迅速达到一致，但负面信息起作用也迅速。

三、企业文化因素

企业文化是企业员工较长时间形成的共同价值观、信念、态度和行为准则，是一个组织持有的传统和风尚，制约着全部管理的政策和措施。在中小企业技术创新管理中，这种凝聚力可以使企业集中有限资源，群策群力进行创新活动，而如果企业没有发展与其相适应的朝气蓬勃的企业文化，因循守旧，小富即安，则会成为技术创新巨大障碍。因此，中小企业在创立之日起应着力于塑造积极向上、鼓励创新的氛围。

四、管理过程因素

管理过程直接影响中小企业技术创新的成败，一般有相互关联的计划、组织、领导、控制四个因素。

（1）对于缺乏资金的中小企业，经济性格外重要，要讲究计划的经济效果，以求最少的投入获得最大收益，避免投入巨大的计划实施以后可能得不偿失。

（2）中小企业由于人才较为缺乏，因此，在人员配备时，要充分把握因事择人和因才起用的原则。因事择人需要管理人员根据技术创新过程中各个环节和专业的具体职位要求，选择具备相应知识和能力的人员。

（3）领导者在明确的目标下，必须协调好各种因素，促使组织所有的活动协同与和谐，具体包括思想协调、目标协调、权力协调、利益协调、信息协调等方面。同时，领导者应创造满足参与创新人员各种需要的条件和建立激励机制来激发大家的创新动机，善于调动员工的积极主动性，发挥创造力，鼓舞士气，不怕失败，振奋精神，使参与技术创新的人员都自觉地融入到创新的工作目标中去。

（4）中小企业的技术创新活动不但在企业外部面临着多种不确定的因素；在内部也随着活动的逐步深入和扩展而发生部分环节与目标偏离的可能性变大。所以要及时调控来保证技术创新活动目标的最终实现。

要点4　财务风险

财务风险是指公司财务结构不合理、融资不当使公司可能丧失偿债能力而导致投资者预期收益下降的风险。财务风险是企业在财务管理过程中必须面对的一个现实问题。财务风险是客观存在的，企业管理者对财务风险只有采取有效措施来降低风险，而不可能完全消除风险。企业由于财务管理不善，可能会造成资金周转困难，赊销形成坏账，造成资不抵债，亏损倒闭破产等。其主要风险可以归纳为以下几类。

1. 筹资风险

筹资风险指的是由于资金供需市场、宏观经济环境的变化，企业筹集资金给财务成果带来的不确定性。筹资风险主要包括利率风险、再融资风险、财务杠杆效应、汇率风险、购买力风险等。

2. 投资风险

投资风险指企业投入一定资金后，因市场需求变化而影响最终收益与预期收益偏离的风险。创业者面临的是被投资者无力偿还债务的风险。投资风险主要包括利率风险、再投资风险、汇率风险、通货膨胀风险、金融衍生工具风险、道德风险、违约风险等。

3. 经营风险

经营风险又称营业风险，是指在企业的生产经营过程中，供、产、销各个环节不确定性因素的影响所导致企业资金运动的迟滞，产生企业价值的变动。经营风险主要包括采购风险、生产风险、存货变现风险、应收账款变现风险等。由于库存不足所导致的停工待料或销售迟滞的可能。存货变现风险是指由于产品市场变动而导致产品销售受阻的可能。应收账款变现风险是指由于赊销业务过多导致应收账款管理成本增大的可能性，以及由于赊销政策的改变导致实际回收期与预期回收的偏离等。

4. 存货管理风险

企业保持一定量的存货对于其进行正常生产来说是至关重要的，但如何确定最优库存量是一个比较棘手的问题，存货太多会导致产品积压，占用企业资金，风险较高；存货太少又可能导致原料供应不及时，影响企业的正常生产，严重时可能会造成对客户的违约，影响企业的信誉。

5. 流动性风险

流动性风险是指企业资产不能正常和确定性地转移现金或企业债务和付现责任不能正常履行的可能性。可以把企业的流动性风险从企业的变现能力和偿付能力两方面进行分析与评价。

课后思考

一、多项选择题：创业风险有哪些类型？（　　）

A. 业务风险　　B. 市场风险

C. 生产风险　　D. 财务风险

二、是非判断题：在多种类型的创业风险中，只有财务风险危害最小。（　　）

项目三
创业风险的规避

风险规避是风险应对的一种方法，是指通过有计划的变更来消除风险或风险发生的条件，保护目标免受风险的影响。创业风险的规避包括前期预防——事先；过程控制——事中；损失补救——事后。

要点1　政策风险的规避

一、前期预防方法

（1）了解党政的方针与国家政策，如供给侧结构改革、提高排污标准、全面产业调整等。

（2）熟悉所处地区政府的相关政策，如产量限制，接受处罚等。

（3）掌握所在行业企业政策，如停业整顿、勒令关停等。

二、过程控制方法

（1）调整产业方向，如供给侧结构改革、提高排污标准等。

（2）减少产量，降低库存，如遇限量生产、接受处罚等。

（3）不跨行业，转换产品或生产方式。

三、损失补救方法

（1）关闭污染源，减少排放，如遇提高排污标准政策等。

（2）及时改正，降低惩罚，如遇限量生产、接受处罚等。

（3）跨行发展，停业整顿，如遇勒令关停政策等。

要点2　市场风险的规避

一、前期预防方法

（1）了解国际国内产业形势。
（2）了解自身行业发展趋势。
（3）掌握所在行业企业产品市场，如结构与份额等。
（4）熟悉本产品市场细分。

二、过程控制方法

（1）根据国际国内产业形势，及时调整产品。
（2）及时调整产品产量。
（3）及时调整营销策略。

三、损失补救方法

（1）促销，降低产品积压。
（2）停止生产或减少产量。
（3）及时沟通，降低被惩罚损失等。

要点3　管理风险的规避

一、前期预防方法

（1）招收员工，应注重德才兼备。

（2）了解员工个性，岗位性质。

（3）制定完善的管理制度。

二、过程控制方法

（1）对员工施行动态管理。

（2）对重要岗位与核心技术实行监控。

（3）及时发现与处理管理漏洞。

（4）有计划开展教育与培训。

三、损失补救方法

（1）及时顶岗，持续经营。

（2）及时查明原因，堵住漏洞。

（3）妥善处理问题，降低损失。

要点4　财务风险的规避

一、前期预防方法

（1）注重财务人员素质。

（2）完善财务管理制度。

（3）加强培训进修学习。

（4）设立足够预备金。

二、过程控制方法

（1）轮岗到位，不留死角。

（2）对客户实行信用评级与跟踪监控。

（3）实施内部资金监控，把负债率控制在合理范围。

三、损失补救方法

（1）启动资金应急预案，减小对外影响。

（2）及时调整员工岗位，必要时要及时报案。

（3）对客户实施合理的财务重组，减少坏账损失。

（4）安抚员工、对接债权人，科学融资，将损失降到最小范围。

课后思考

一、单项选择题

下列哪个属于创业风险的规避方法？（　　）

A. 风险的预防方法　　B. 风险的评价方法

C. 风险的比较方法　　D. 风险的处理方法

二、是非判断题

市场风险规避是多种类型的创业风险规避方法中的最为重要的。（　　）

模块七

创业计划书

【教学目标】

1. 通过学习，能够了解创业计划书格式。
2. 通过学习，能够熟悉创业计划书撰写要求。
3. 通过学习，能够掌握创业计划书编制方法。

“在计划书中每一句感动你我的文字图表后面，有着我们真挚的情感和故事，有着我们一起努力的心血和倾诉。”

——主编寄语

项目一
创业计划书撰写要求

要点　创业计划报告书的撰写原则

一、主题明确

项目名称：体现创业投资的主旨或目标——科技、市场、价值。

封页：精心设计，体现项目特色；简洁规范，避免过于花哨。

报告摘要（1～2 页）：开门见山地综述，包括项目的名称、技术特点和优势、所属产业及趋势、市场需求及趋势、投资及其效益、基本结论等。

报告目录和章、节、目的标题：报告的逻辑思路和分析框架。

报告的正文：分“章－节－款－目”论述，应主题明确，依序论述，循序渐进。

报告的附录：展示科研成果获奖、专利、发明证书等；市场调研的方案和问卷等资料。

报告的主要参考文献：按参考文献标准写法标注。

二、结构合理（计划书的内容点）

创业计划书一般包括报告摘要（执行摘要）、项目和公司简介、产品或服务及其特征、市场需求和所属行业的竞争与发展趋势、市场营销方案、生产和运作模式、企业管理方案、融资方案、投资（财务）效益可行性、风险及其防范、退出机制、结论和决策建议。

三、内容充实、重点突出

1. 报告摘要

报告摘要中应包括以下内容：

- 产品或服务的名称及特征、所属产业、趋势及特征；
- 项目的市场需求和趋势、营销的基本策略；
- 公司的组织和管理；
- 项目的筹资和投资计划和效益评价结果；
- 项目的风险投资者的撤出方式和预计效益；
- 项目的基本结论和建议。

2. 产品或服务和公司简介

该部分介绍产品或服务以及公司概况。其中，产品或服务简介中要强调产品的技术价值和应用价值。公司简介中要阐述公司组建、注册资本和股权结构、发展战略。

3. 市场需求和所属行业的竞争与发展趋势

该部分介绍：市场容量调查和预测过程和结果；产品或服务的生命周期、产业的特征和生命周期；行业的竞争对手和方式。

4. 市场营销方案

该部分介绍：4P 的组合（即几种主要的营销策略）以及所选营销策略的利弊分析和调整。

5. 生产和运作模式

该部分介绍：生产组织方案（采购、生产、仓储、运输、销售）、生产工艺流程、人员和设备的配置。

6. 企业管理方案

该部分介绍：企业的组织结构设置和调整；董事会、总经理、部门经理等的职能（权责利）；中层经理的职责；部门管理（人事、财务、生产、采购、销售等）；职工管理。

7. 融资方案

该部分介绍：资金来源和比例（技术入股、风险资本投资入股、管理者；出资入股、银行贷款）以及计算资本成本（各种资本的成本、加权平均资本成本）。

8. 投资（财务）效益可行性

该部分要编制损益表、（经营性）现金流量表、资产负债表、还贷计划表以及测算投资效益指标［静态和动态回收期（PBP）、净现值（NPV）、内涵报酬率（IRR）、保本点（BEP）等］。

9. 风险及其防范

该部分介绍：技术风险和防范（技术创新性和成熟度、技术更新、R&D 的后续能力）、市场风险和防范（目标市场的实际需求、价格变动与需求变化、竞争对手的能力和市场竞争态势、产品更新换代或替代品出现）、政策风险和防范［国家经济政策（税收政策、货币政策、产业政策等）变化对投资效益的影响］、投资风险和防范［价格、成本、销售量等关键因素变动的幅度导致投资效益（PBP、NPV、IRR、BEP 等）的变化程度。］

10. 退出机制

该部分阐述：股权转让——部分转让或全部转让股权，预计的股权转让价值；公司上市——发行股票（出售股份或继续持股），预计的股票价值（要求论据充分、论证严谨）；市场调研分析部分（要求资料详实、可信度高；潜在需求现实）；技术工艺部分（技术成熟；后续 R&D 有保障）；财务效益部分（销售、价格和成本合理；回收期短）；营销策略（可操作性，有特色和创意）；风险评价（客观、可解决）；撤出方式（可行）。

四、方法科学、分析规范

（1）阐述市场调研和预测方法。

（2）阐述财务效益可行性研究方法。

五、文字通畅、表述准确

要求：通俗易懂；逻辑严谨；言能达意；谨防语病。

六、排版规范、装帧整齐

排版时要求：

（1）封页美观大方。

（2）标题（大、中、小）：2 号加粗，全文格式。

（3）分标题：小 4，不加粗；正文：用小 4，不加粗；段落：单倍距。

（4）要有引言、表格、公式、数字表示、参考资料。

项目二
创业计划书编制方法

要点1　创业计划书封面

项目名称 ________________________________

项目单位 （盖章）____________________________

地　　址 ________________________________

电　　话 ________________________________

传　　真 ________________________________

电子邮件 ________________________________

联 系 人 ________________________________

温州创富服务有限公司　编制

要点2　保密承诺

本商业计划书内容涉及本公司商业秘密，仅对有投资意向的投资者公开。本公司要求投资公司项目经理收到本商业计划书时做出以下承诺：妥善保管本商业计划书，未经本公司同意，不得向第三方公开本商业计划书涉及的本公司的商业秘密。

项目经理签字：

接 收 日 期：_______ 年 ____ 月 ____ 日

要点3　目录

要点4　摘要

内容主要包括：公司概况；主要经营管理人、技术负责人简介；项目涉及的产品或服务的先进性、新颖性、独特性描述；市场分析；现金流量、投资回报率等财务预测；融资计划，投资后股东构成表等。

要点5　创业计划书内容

一、公司概况

公司名称 ________________________________ 成立时间 ______________

公司宗旨 ____

____

注册资本 ______________________ 实际到位资本 __________________

其中现金 ______________________ 无形资产占股份比例 ____________%

注册地点 ____

主营业务 ____

公司性质：国有企业、有限公司、股份有限公司、合伙企业、个人独资、外资企业等，并说明其中国有成分比例、私有成分比例和外资比例。

公司沿革：说明自公司成立以来主营业务、股权、注册资本等公司基本情形的变动，并说明这些变动的原因。

____

____

____

____

____

____

____

目前公司主要股东情况：

股东名称	出资额	出资形式	股份比例	联系人	联系电话

本公司的独资、控股、参股的公司以及非法人机构的情况及比例，以图形方式表示，如下图所示。

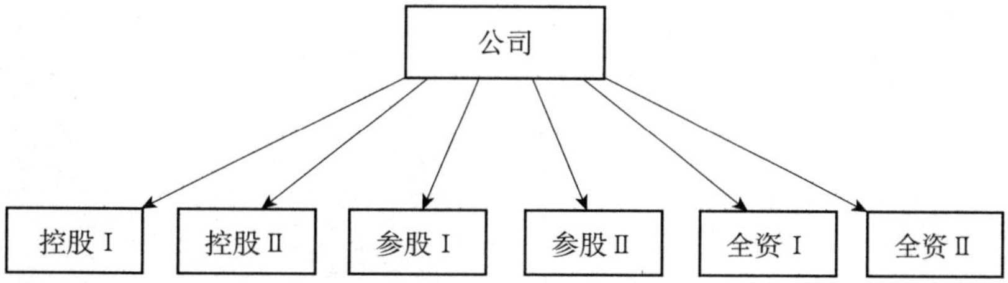

公司目前职工情况：如：拥有员工________人，其中大专以上文化程度的有________人，占员工总数________%，大学本科以上的有________人，占员工总数________%，硕士学位（含中级职称）以上的有________，占员工总数________%，博士学位（含高级职称）以上的有________人，占员工总数________%；最好列表说明，如：

员工人数	大专以上文化程度		大学本科		硕士（中级职称）		博士（高级职称）	
	人数	比例	人数	比例	人数	比例	人数	比例

公司经营财务历史：列表说明

（单位：万元）

项　目	本年度	前1年	前2年	前3年
销售收入				
毛 利 润				
纯 利 润				
总 资 产				
总 负 债				
净 资 产				
有形净资产				

公司外部公共关系（战略支持、合作伙伴等）：

____

____

____

____

____

二、公司管理层

董事会成员名单如下表所示。

序号	职　务	姓　名	工 作 单 位	联系电话
1	董 事 长			
2	副董事长			
3	董　事			
4	董　事			
5	董　事			
6	董　事			
7	董　事			
8	董　事			
9	董　事			

管理团队名单及简介：

董事长

姓名 ____________ 性别 ____________ 年龄 ____________ 籍贯____________

学历 ____________ 学位 ____________ 所学专业 ____________ 职称____________

毕业院校 ____________________ 户口所在地 ____________ 联系电话____________

主要经历和业绩：着重描述在本行业内的技术和管理经验和成功事例。

____
____
____
____
____
____
____

总经理

姓名 ____________ 性别 ____________ 年龄 ____________ 籍贯____________

学历 ____________ 学位 ____________ 所学专业 ____________ 职称____________

毕业院校 ____________ 户口所在地 ____________ 联系电话____________

主要经历和业绩：着重描述在本行业内的技术和管理经验和成功事例。

____
____
____
____
____
____
____

技术研发负责人

姓名 ____________ 性别 ____________ 年龄 ____________ 籍贯____________

学历 ____________ 学位 ____________ 所学专业 ____________ 职称____________

毕业院校 ____________ 户口所在地 ____________ 联系电话____________

主要经历和业绩：着重描述在本行业内的技术水平、经验和成功事例。

____
____
____

____

____

产品生产负责人

姓名 __________ 性别 __________ 年龄 __________ 籍贯__________

学历 __________ 学位 __________ 所学专业____________________

毕业院校 _______________ 户口所在地 __________ 联系电话__________

主要经历和业绩：着重描述在本行业内的产品经验的成功事例。

____

____

____

____

____

市场营销负责人

姓名 __________ 性别 __________ 年龄 __________ 籍贯__________

学历 __________ 学位 __________ 所学专业____________________

毕业院校 _______________ 户口所在地 __________ 联系电话__________

主要经历和业绩：着重描述在本行业内的营销经验和成功事例。

____

____

____

____

____

财务负责人

姓名 __________ 性别 __________ 年龄 __________ 籍贯__________

学历 __________ 学位 __________ 所学专业____________________

毕业院校 _______________ 户口所在地 __________ 联系电话__________

主要经历和业绩：着重描述在财务、金融、筹资、投资等方面的背景、经验和业绩。

____

____

____

____

____

其他重要人员

姓名 ____________ 性别 ____________ 年龄 ____________ 籍贯____________

学历 ____________ 学位 ____________ 所学专业______________________

毕业院校 __________________ 户口所在地 ____________ 联系电话____________

主要经历和业绩：

____

____

____

____

____

外部支持（包括公司聘请的中介机构及法律顾问、投资顾问、财务顾问简介）：

律师事务所____________________________________

____

会计师事务所__________________________________

____

投资咨询机构__________________________________

____

法律顾问（简介）______________________________

____

投资顾问（简介）______________________________

____

财务顾问（简介）____

____

____

三、产品/服务

公司目前所有产品清单及适用领域，简要介绍主导产品________________

____

____

____

____

产品前期开发研究进展情况和现实物质基础，包括：

产品开发处于何种阶段______________________________________

____

产品 / 服务的创新之处，在国内外领先程度（提供相关证明材料）__________

____

____

开发和研究的设备、条件____________________________________

____

____

产品的市场优势包括：

专利技术说明____

专利技术类型____

____

专利技术获得情况、保护范围的相关证明文件______________________

____

与国内外基地专利技术关系，是否成造成侵权行为________________________

____

____

产品上市的周期________________________________

____

产品自身的影响力或依托单位的品牌形象等________________________

____

____

____

该产品是否申请过国家有关基金资助？有无最后验收、鉴定的结论、评奖等________

____

____

____

____

产品 / 服务的开发资源与条件情况，包括：

产品开发能力的保障____________________________

资金____

开发队伍____

技术专家____

____

____

协作开发人员____________________________________

____

____

设备场地____

____

____

政府许可____

____

____

外协外委单位____

____

____

外部技术专家____

____

____

现在具备条件与目标的差距____

____

____

融资到位后，对所需资源的满足程度____

____

____

____

____

四、行业及市场分析

行业情况（行业发展历史及趋势，哪些行业的变化对产品利润、利润率影响较大，进入该行业的技术壁垒、贸易壁垒、政策限制等，行业市场前景分析与预测）____________

____

____

____

____

____

____

过去 3～5 年各年全行业销售总额（列明资料来源）。

（万元）

年　　份	前 5 年	前 4 年	前 3 年	前 2 年	前 1 年
销售收入					
销售增长率					

未来 3～5 年各年全行业销售收入预测（列明资料来源）。

（万元）

年　　份	第 1 年	第 2 年	第 3 年	第 4 年	第 5 年
销售收入					

本公司与行业内 5 个主要竞争对手的比较（主要描述在主要销售市场中的竞争对手）。

竞争对手	市场份额	竞争优势	竞争劣势
本公司			

市场销售有无行业管制，公司产品进入市场的难度分析____________________

____

____

产品 / 服务的市场分析，包括：

你有哪些类型的顾客____________________

____

____

现在及将来（何时）有多少顾客________________________________

____

____

____

顾客分布的地方____

____

____

顾客接受产品 / 服务的障碍________________________________

____

____

顾客购买（使用）标准是什么________________________________

____

五、技术来源及前景

公司近年来主要研究的技术领域和相关的技术成果及获奖状况__________

____

____

____

公司参与制订产品或技术的行业标准和质量检测标准情况______________

____

____

____

融资项目的研发流程图____

产品开发所采用的共性技术、专有技术的相关名称，标明其中的关键技术______

____

____

风险项目技术团队简介____

____

____

____

____

____

请说明，今后为保证产品质量、产品升级换代和保持技术先进水平，公司的开发方向、开发重点和正在开发的技术和产品____

____

____

____

____

公司现有技术开发资源以及技术储备情况____

____

____

____

____

公司寻求技术开发依托（如大学、研究所等）情况，合作方式______________________

____

____

____

公司将采取怎样的激励机制和措施，保持关键技术人员和技术队伍的稳定__________

____

____

____

____

公司未来3～5年在研发资金投入和人员投入计划。

（万元）

年　　份	第1年	第2年	第3年	第4年	第5年
资金投入					
人员（个）					

六、产品制造

具体画出生产流程图，以及从原材料到中试，再到规模生产阶段的工作流程和业务内容________________

产品生产制造方式（公司自建厂生产产品，还是委托生产，或其他方式，请说明原因）________________

____

____

____

公司自建厂情况，购买厂房还是租用厂房，厂房面积是多少，生产面积是多少，厂房地点在哪里，交通、运输、通信是否方便________________

____

____

____

现有生产设备情况（专用设备还是通用设备，先进程度如何，价值是多少，是否投保，最大生产能力是多少，能否满足公司产品销售增长的要求？）

____

____

____

请说明，如果设备操作需要特殊技能的员工，如何解决这一问题________________

____

如何保证主要原材料、元器件、配件以及关键零部件等生产必需品的进货渠道的稳定性、可靠性、质量及进货周期，列出3家主要供应商名单及联系电话。

正常生产状态下，成品率、返修率、废品率控制在怎样的范围内，描述生产过程中产品的质量保证体系，以及关键质量检测设备

产品成本和生产成本如何控制，有怎样的具体措施

产品批量销售价格的制订，产品毛利润率是多少？纯利润率是多少？

七、营销策略

请介绍公司所针对的市场，你们有何竞争优势

产品销售成本的构成及销售价格制订的依据

你计划采取什么样的策略使顾客使用、购买你的产品________________________

____

____

____

如果产品已经在市场上形成了竞争优势，请说明与哪些因素有关（如成本相同但销售价格低、成本低形成销售价格优势，以及产品性能、品牌、销售渠道优于竞争对手产品，等等）____

____

____

在建立销售网络、销售渠道以及设立代理商、分销商方面的策略与实施__________

____

____

在广告促销、销售价格、建立销售队伍方面的策略与实施____________________

____

____

产品售后服务方面的策略与实施____

____

____

对销售队伍采取什么样的激励机制____

____

____

____

八、公司管理

请用图表表示公司组织结构，例如

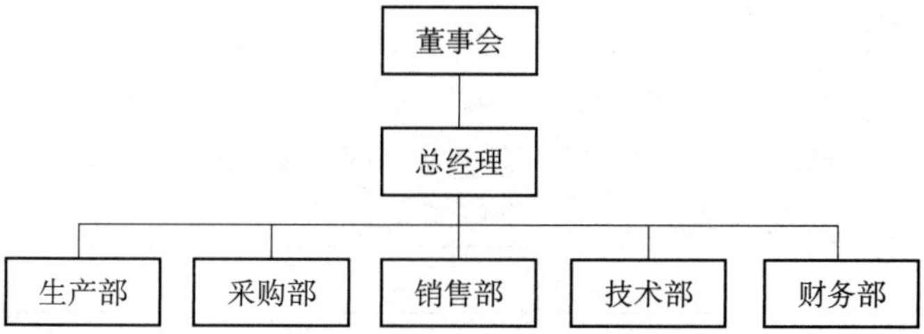

公司经营决策程序____

____

员工薪酬、福利及激励制度，是否考虑员工持股及高管人员期权____________

____

____

公司是否为每位员工购买保险，请说明保险险种____________________

____

公司是否与每个雇员签订劳动用工合同______________________
公司是否与相关员工签订公司技术秘密和商业秘密的保密合同____________

____

公司是否与掌握公司关键技术及其他重要信息的人员签订竞业禁止协议，若有，请说明协议主要内容____

____

____

请说明，公司对知识产权、技术秘密和商业秘密的保护措施______________

____

____

公司是否通过国内外管理体系认证？ ______________________________

九、竞争分析

国内主要竞争对手情况分析，举例 5 家企业（请用文献支持）：
同类企业的名称、地域分布____

____

目前开发的同类功能产品所处的研发阶段______________________________________

____

____

____

____

产品在市场上的销售规模、销售价格等情况____________________________________

____

____

未来可能对本项目产品的威胁分析____

____

____

列举 5 家国外主要竞争对手产品开发情况或销售情况。与其相比，贵公司的优势或劣势（要以文献支持），包括____
专利权、技术创新性、工艺水平及领先程度____________________________________

____

产品价格及生产成本____

____

财务指标____

____

规模大小及营业额____

____

市场促销策略____

____

____

十、财务计划

请提供：

- 未来 1～3 年项目盈亏平衡表；
- 第 1 年项目资产负债表；
- 未来 1～3 年项目损益表；
- 未来 1～3 年项目现金流量表；
- 未来 1～3 年项目销售计划表；
- 未来 1～3 年项目产品成本表。

（第 1 年每个月计算现金流量，共 12 个月，第 2 年每季度计算现金流量，共 4 个季度，第 3～第 5 年每年计算现金流量，共 3 年）

产品形成规模销售时，毛利润率为 ____________%，纯利润率为 ____________%，并说明预测依据。

预计未来 1～3 年年均资产回收率 ____________%。

十一、融资计划

融资额 ____________ 其中，投资额 ________________，借贷额__________________

如果有对外借贷，则抵押或担保措施是什么？__________________________________

____

____

请说明投入资金的用途和使用计划____

____

____

希望让投资方参股本公司或与投资方成立新公司，请说明原因________________

____

____

____

拟向投资方出让多少权益？计算依据是什么？____________________

____

____

投资方可享有哪些监督和管理权力____

____

____

如果公司没有实现项目发展计划，公司管理层向投资方承担哪些责任？__________

____

____

投资方以何种方式收回投资，具体方式和执行时间________________________

____

____

需要对投资方说明的其他情况____

____

十二、风险分析

说明该项目实施过程中可能遇到的风险，及其应对措施，包括：

技术________

市场________

生产________

财务________

管理________

政策________

其他________

十三、发展战略

公司战略的拟订________

____

公司战略的具体实施步骤______________________________

____

____

本项目实施计划及进度________________________________

____

____

十四、附件

已有的和正在接洽的公司客户名单______________________

____

____

____

有关媒体对公司及其产品的介绍、宣传等资料______________

____

____

公司需附录的其他文件________________________________

____

____

附件 A 大学生创业政策解读

一、大学生创业，可以享受什么优惠政策？

1. 想创业，但资金不足，如何申请小额担保贷款？

毕业 2 年以内高校毕业生自主创业自筹资金不足的，可在创业地按规定申请不超过 30 万元的小额担保贷款，贷款期限不超过 3 年。对合伙经营的，可适当提高贷款额度。对符合条件的高校毕业生在户籍所在地的信用社区从事创业活动，经基层相关部门进行资信评估，申请小额担保贷款的，可以免除反担保手续，对取得“创业培训合格证书”的高校毕业生，创业项目经设区市以上开业指导专家论证通过的，申请小额贷款可免除反担保手续，对申请贷款数额较小的就业困难高校毕业生免除反担保手续。

2. 申请了小额贷担保贷款，有贴息政策吗？

高校毕业生申请小额担保贷款的，对从事微利项目的可据实予以全额贴息，对从事其他项目的困难家庭高校毕业生给予 100% 贷款贴息，其他人员给予 50% 贷款贴息，贴息期不超过 3 年。

3. 创业了，可以获得补贴吗？

毕业 2 年以内的高校毕业生在浙江省从事个体经营或创办企业（高校毕业担任法定代表人且本人出资总额不低于注册资本的 30%），创业项目为浙江省当年产业导向目录中非禁止、非限制发展类项目的，根据项目的科技含量、经济与社会效益、市场前景等因素，经当地人力社保部门和财政部门审批，可给予一定标准的一次性创业补贴。

4. 毕业生创办企业的条件作了哪些放宽？

对高校毕业生初创企业，可按照行业特点，在法律、法规许可范围内，合理调整注册资金、人员等准入条件。高校毕业生创办企业可依法分期缴纳注册资本。允许高校毕业生依法将商业性租房、临时商业用房作为创业经营场所，允许高校毕业生履行法定手续后将家庭住所、非商业用房作为创业经营场所。对从事翻译服务、软件设计开发、网络技术开发、电子商务、动漫设计等企业，在不影响周边环境和公共安全的前提下，允许其把当地政府提供的场地作为经营场所。面向股权投资企业和电子商务、文化创意、软件设计、动漫游戏等现代服务产业的内资企业试行“一址多照”，同一地址可以作为两个以上企业住所（经营场所）登记。面向无前置审批的内资公司试行“一照多址”，和经营场所在同一县域范围内的，可以申请在企业营业执照“经营范围”后加注经营场所地址，免于另行办理分支机构登记。从事生物医药、新能源、新材料、海洋新兴产业和高端装备制造业等战略性新兴产业以及服务业中筹建周期较长的涉及前置审批的企业，可申办筹建营业执照。放宽冠省名企业条件，允许其以最低注册资本分期缴纳。

5. 对大学生创业企业，哪些工商收费项目给予减免？

（1）对毕业两年内的高校毕业生从事个体经营的，按有关规定，自其在工商部门首次注册登记之日起 3 年内，免收管理类、登记类和证照类等有关行政事业性收费。

（2）从 2012 年 1 月 1 日起到 2014 年 12 月 31 日，免除小微企业税务发票工本费。

（3）对持《就业失业登记证》（注明“自主创业税收政策”或附着《高校毕业生自主创业证》）的高校毕业生在毕业年度内从事个体经营（除建限定项目外）的，3 年内按每户每年 8 000 元为限额依次扣减其当年实际应缴纳营业税、城市维护建设税、教育费附加和个人所得税。

（4）高校毕业生创办符合税法规定条件的小型微利企业，自 2012 年 1 月 1 日至 2015 年 12 月 31 日，对年应纳税所得额低于 30 万元（含 30 万元）的，超出国家规定的应纳税所得额 6 万元以上部分的地方税收贡献，可部分或全部奖励给企业用于转型升级；对年应纳税所得额低于 6 万元（含 6 万元）的，其所得减按 50% 计入应纳税所得额，按 20% 的税率征收企业所得税。

（5）从 2012 年 1 月 1 日起，对符合产业政策的小微企业，自创立之日起 3 年内免征、第 4～第 5 年减半征收水利建设专项基金。

（6）调高增值税起征点，销售货物（应税劳务）的起征点为 20 000 元 / 月，按次纳税的起征点为每次（日）500 元。

（7）企业获得的各级财政补助和奖励资金，符合税法规定的，可作为不征税收入，在计算企业应纳税所得额时从收入总额中减除。

（8）对高校毕业生创办的纳税确有困难的中小企业，报经地税部门批准，可给予减免房产税和城镇土地使用税。

（9）对毕业2年以内的高校毕业生从事个体经营的，按每户每年2 000元的限额减免地方水利建设基金，优惠期为3年。

6. 大学生创业可以享受哪些创业服务？

高校毕业生可以在各类创业服务机构，享受到政策咨询、信息服务、项目开发、风险评估、开业指导、融资服务、跟踪扶持等“一条龙”服务。

7. 网络创业有什么最新扶持政策？

毕业2年以内的高校毕业生从事电子商务经营并通过网上交易平台实名注册认证的经人力社保部门、财政部门认定，可按规定享受小额担保贷款和贴息政策。其中，对按规定缴纳社会保险费满1年的，可参照高校毕业生从事个体经营社会保险补贴政策给予一次性自主创业社会保险补贴。

8. 参加了创业培训，可以享受补贴吗？

毕业学年和毕业年度大学生、离校未就业高校毕业生在定点培训机构参加创业培训的，根据其获得创业培训合格证书或就业、创业情况、按规定给予培训补贴。

附件 B
创业计划书示例

墨斋艺术文化有限公司
创业计划书

公司主营：书画装裱、字画收藏、承办书画展览

目　　录

第一部分 执行总结

1.1 产业背景

随着社会经济的不断繁荣发展和中西文化的不断碰撞，人们的物质生活得到满足的同时，不断地去追求精神层面上的满足与享受。书画艺术品作为人类精神生活的主要载体之一，不仅具有审美功能，而且其美化居家环境、体现人们的生活品质等方面发挥着越来越重要的作用。现代人的审美对书画艺术品在装裱材质、色彩、形式等方面的要求越来越高，而现在书画艺术品市场的装裱形式基本是沿袭传统的装潢形式，从业人员普遍素质较低，缺乏创新的意识和理念，无力满足当前社会对书画装裱形式的需求。书画装裱与现代环境设计的完美结合，使得书画作品不仅具有很高的欣赏价值、历史价值、社会价值、经济价值和艺术价值，而且进一步提升环境的丰富精神内涵，势必会使这一传统工艺的市场潜力得以进一步的挖掘和开发。

1.2 公司与产品服务

墨斋艺术文化有限公司是一家富有创新能力和创业激情，并致力于传承中国传统民族精神文化的公司。公司的口号是“继承传统，推陈出新”。墨斋艺术文化有限公司愿为广大书画爱好者和追求高品质生活质量的人，提供最专业、最便捷的服务，为传承中国传统民族文化出一份微薄之力。

根据目前市场对书画艺术品的需求，墨斋艺术文化有限公司对书画艺术品装裱的工艺进行创新，使其能满足现代社会对书画艺术品装裱的个性化需求，并使得高雅的书画艺术品消费走入“寻常百姓家”，提高人们对书画作品的审美认识。公司在书画装裱方面的产品主要有特大画心装裱、册页装裱、手卷装裱、十字绣装裱、书画装裱等。同时公司与温州各地书画名家形成合作关系，收藏各类书画名家优秀作品，承办各类书画展。

1.3 定位与发展战略

公司定位：书画装裱、字画收藏与销售、承办书画展览。

使命：利用在温州市场本土书画艺术品产业的先行优势，凭借对书画行业充分的认知与先进的管理与营销策略，向广大书画爱好者提供高质量的服务，继承与发扬中国传统民族文化。

远景：成为温州地区艺术文化优秀创业品牌。

墨斋艺术文化有限公司的发展战略：

◆ **短期目标（2013—2015）：**承接温州各个地区画廊、画室、民间艺术家的各种尺寸、各种样式的书画装裱，树立良好的品牌形象。

◆ **中期目标（2015—2020）：**收藏各类名家优秀的书画作品，承接大型书画展览活动，对中国传统民族精神文化进行推广。

◆ **长期目标（2020 年以后）：**调整商业模式，通过拓展与艺术家的合作服务，寻找新的利润增长点，弘扬中国传统民族文化。

1.4 市场与竞争分析

从实际情况出发，墨斋艺术文化有限公司将把起始的目标客户定位于广大书画爱好者。根据有关资料显示：2008 年以来，中国市场成为全球艺术品市场“为数不多的亮点之一”。2009 年中国艺术品市场的绝对龙头——北京拍卖市场总成交额为 103 亿元。2010 年中国经济和全球经济将继续好转，艺术品市场继续向好发展应无悬念，因此，在强势书画板块的带动下，其他艺术品门类都将活跃。加之多年拍卖市场的培育，追求珍稀的精品已获得藏家认可，总成交额在 2009 年基础上再创新高，值得期待。套用业内人士的话说，经济总量放大，艺术品市场一定跟着放大。（资料来自：百度文库《中国艺术品市场现状》）

与这个巨大市场产生鲜明对比的是市场内高度差异化的竞争，而墨斋艺术文化有限公司本身独一无二的竞争优势也将确保它的市场份额。

◆ **服务理念：**墨斋艺术文化有限公司追求创意和个性化特色的专业装裱、上门服务量身定制，创新书画装裱工艺，传承中国优秀的书画装裱传统文化，打造专属于墨斋艺术文化有限公司的品牌，服务于温州各地区的建设，满足现代社会多元化、个性化的审美需要。这是墨斋艺术文化有限公司最大的独特之处。

◆ **产品的效用：**墨斋艺术文化有限公司会利用 1 至 2 年的时间收集大量第一手、真实与实用的书画信息，并不断完善，形成庞大的数据库与人际网络，以保证墨斋艺术文化有限公司提供产品的实用性与时效性。同时根据现代社会对居室环境的多元化、个性化的审美需要，通过书画装裱的工艺、材料的革新、商业网络服务和艺术效果仿真模拟平台的构建等形式，使人们感受到中国传统民族文化的魅力所在。

1.5 营销策略

墨斋艺术文化有限公司为现代家居、厅堂、商场、会议厅、酒店等单位和个人需要用书画艺术品进行装饰的客户提供装裱服务，在装裱工艺上从传统装裱向体现环境个性化服务的现代化装裱转化。一方面墨斋艺术文化有限公司会通过定期和不定期的校园宣传、校园活动赞助以及校园讲座确立起在这一范围的合作关系，并以此为基础积极拓展校园公共关系，以较低成本迅速提高墨斋艺术文化有限公司的知名度与收入。而另一方面墨斋艺术文化有限公司将极力发展与优秀书画家的战略合作，寻找合适的销售渠道并迅速打开市场。与此同时，对优秀书画作品进行收藏、承接大小型书画展活动。

第二部分　产品与服务

2.1 产品与服务定义

依据温州地区对书画艺术品的需求，墨斋艺术文化有限公司制定了符合市场发展规律的商业模式（见附图 1），墨斋艺术文化有限公司将以书画装裱为基本立足点，满足各种书画爱好者的装裱需求和追求个性、时尚的想法；同时以收藏名家名画为一种商业手段，积极宣传与运作所收藏的书画艺术品，当收藏品达到一定数量与规模，便可以通过商业运动举行书画展，同时在打响品牌之后，可以承接社会上大小型书画展。

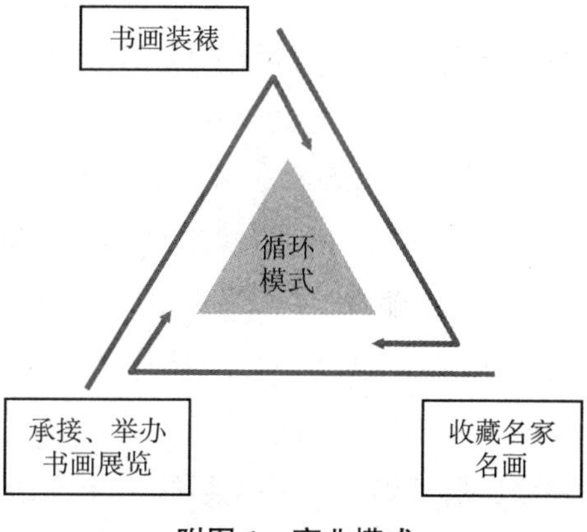

附图 1　商业模式

◆ **书画装裱**

追求创意和个性化特色的装裱，上门服务、量身定制，创新书画装裱工艺，传承中国优秀的书画装裱传统文化，打造墨斋艺术文化有限公司书画装裱品牌。针对浙江省温州市的文化消费的特点，制定满足现代社会多元化、个性化的审美需要。

◆ **收藏名家名画**

通过书画装裱与温州地区优秀的书画艺术家建立战略合作关系，收购并收藏一批名家名画，通过广告宣传与运作，使其作品的价值具有一定幅度的升值，同时为继承与发扬中国传统民族文化做出贡献。

◆ **承接、举办书画展览**

经过前期对名家名画的收藏，墨斋艺术文化有限公司将针对市场需求，举办书画展览活动，让名家名画与社会各界人士进行近距离接触，散发中国传统民族文化的魅力，并通过拍卖等其他形式，创造巨大的经济效益。

◆ **循环模式**

根据对温州市场充分的市场调研，墨斋艺术文化有限公司发现现代人的审美对书画艺术品在装裱材质、色彩、形式等方面的要求越来越高，而现在书画艺术品市场的装裱形式基本是沿袭传统的装潢形式，从业人员普遍素质较低，缺乏创新的意识和理念，无力满足当前社会对书画装裱形式的需求。而把书画装裱作为立足点，以收藏名家名画为轴心，最后以书画展览形式出现在人们面前的商业模式是一个对传统手工业的极大创新，通过实践与理论相结合的形式发现，这个商业模式完全是可以循环利用的。

2.2 产品与服务的客户价值

广大书画爱好者、艺术家是我们主要的客户群体，墨斋艺术文化有限公司的主打产品和服务都将为广大书画爱好者、艺术家量身定制，力求为客户提供个性、时尚、专业的艺术服务，为广大的书画爱好者和艺术家创造特有的客户价值。

◆ **针对市场需求分类服务产品**

主要解决书画装裱市场的供需矛盾。我们发现随着社会经济的不断繁荣发展和中西文化的不断碰撞，人们的物质生活得到满足的同时，不断地去追求精神层面上的满足与享受。书画艺术品作为人类精神生活的主要载体之一，不仅具有审美功能，而且其美化居家环境、体现人们的生活品质等方面发挥着越来越重要的作用。服务产品主要分为：大画心装裱、册页装裱、手卷装裱、十字绣装裱、书画装裱等（见附图 2）。

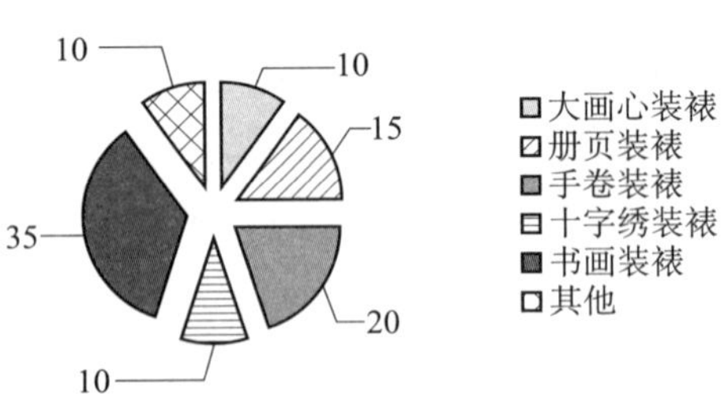

附图 2　服务产品占比

◆ **最合理的品牌设计战略**

通过书画装裱的工艺、材料的革新、商业网络服务和艺术效果仿真模拟平台的构建等形式，努力创业，树立墨斋艺术文化有限公司自主品牌。从温州地区开始扩展业务范围，逐渐扩展到整个浙江省，同时通过现代网络技术的电子商务模式向书画文艺气息浓重的城市进行销售。

◆ **人才**

墨斋艺术文化有限公司的核心团队中有在社会中从事多年书画艺术方面工作的老师，积累了大量的资源与书画鉴赏经验，同时还在高校中拥有从事市场营销专业、电子商务专业、会计专业的优秀学生，墨斋艺术文化有限公司将这些人才集聚在一起，组建成了一家富有活力、创造力的文化有限公司。

2.3 发展规划

墨斋艺术文化有限公司的最终目的是实现对中国传统民族文化的继承与弘扬，公司按其发展阶段将逐步提供以下服务。

第一阶段，提供专业的书画装裱业务，扩大业务范围，其内容包括：

（1）各高校以及温州各地区设立办事处（见附图 3）。

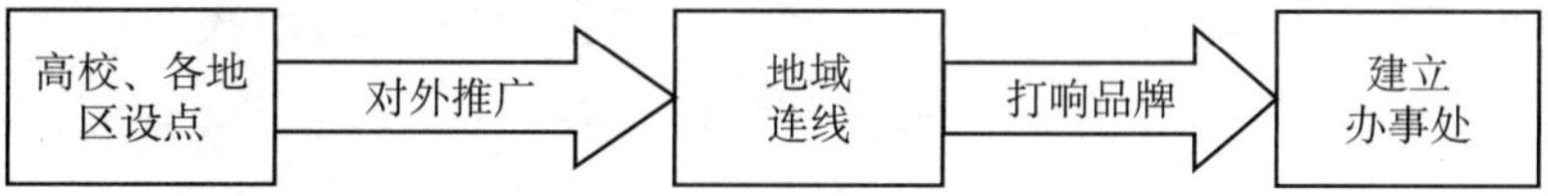

附图 3　办事处的设立

（2）电子商务平台的建立（见附图 4）。

附图 4　电子商务平台的建立

第二阶段，与温州地区优秀的书画艺术家建立战略合作关系，收购并收藏一批名家名画包括：

- 参加温州地区举办的书画装裱大赛，打响品牌；
- 通过书画装裱结识温州地区优秀的书画艺术家，建立合作关系；
- 利用建立的合作关系，对优秀艺术家的作品进行收购并收藏。

第三阶段，利用创新的商业模式，通过与企业或政府部门的合作向社会承接书画展或举办书画展，寻求利润增长点，共同实现公司、社会、中国传统民族文化的价值。

- 建立一个集书画装裱、收藏、交易的中介；
- 树立墨斋艺术文化有限公司独具特色的品牌形象，对外承接书画展览活动或举办书画展；
- 通过广告宣传与运作，使书画艺术品焕发它应有的魅力，同时为继承与发扬中国传统民族文化作出贡献。

第三部分 市场分析

3.1 市场机会

书画艺术品的产生由来已久，从古至今各代名人名家对于书画艺术的狂爱，使得书画艺术品能够一代代的传承下来，并通过后人的努力使其能够发扬光大，它是中华民族的历史文化中一颗璀璨的明珠。但是对于书画艺术品的美化与推广一直存在瓶颈，传统的装裱行业只是对书画艺术品进行简单的包装，并未在工艺上进行创新。随着我国经济的飞速发展，人们生活水平的日益提高，新建筑日益增多，人们的文化需求越来越大，用书画艺术品装潢家居、厅堂、办公室、酒店、会所需求不断增大，对书画的需求也越来越多。现代的书画市场逐年升温，书画艺术品装裱行业发展潜力巨大，面临一个前所未有的商机。

墨斋艺术文化有限公司致力于构建网络商业服务和现实装裱相结合的模式。根据客户的需求，提供书画装裱的设计方案或制作效果图个性化服务，同时达到树立公司品牌的战略目的，为未来的发展打下坚实基础。同时应用现代电子网络技术服务，使书画艺术品更加富有时代气息。书画装裱使得书画作品不仅具有更高的欣赏价值、历史价值、社会价值、经济价值和艺术价值，而且能进一步提升环境的丰富精神内涵，势必会使这一传统工艺的市场潜力得以进一步挖掘和开发。

由此可知，墨斋艺术文化有限公司所面对的市场有很大的商业机会。书画艺术品市场的装裱形式基本是沿袭传统的装潢形式，从业人员普遍素质较低，缺乏创新的意识和理念，属于典型的传统手工业，创造的经济效益并非特别理想，依据市场上普遍存在的现象，墨斋艺术文化有限公司抓住机遇，着力打造以书画装裱为基本立足点，以收藏名家名画为一种商业手段，最终以举办书画展或承接书画展去创造经济效益的循环商业模式（见附图 5）。

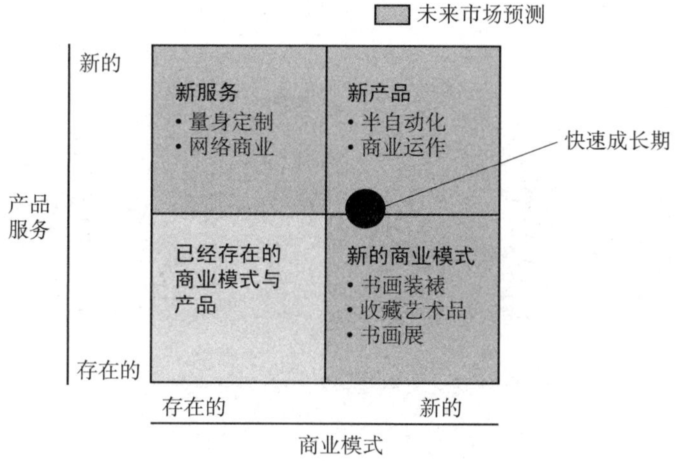

附图 5　循环商业模式

3.2 目标市场定位

从目前这个产业的实际情况出发，目标客户群定位于广大书画爱好者、艺术家，主要有以下两条理由。

- **高需求：**对广大书画爱好者、艺术家说，书画艺术品是人生中不可或缺的一部分，他们不但对书画装裱有广泛的需求，并且对收藏优秀书画艺术品颇感兴趣。广大书画爱好者、艺术家，本身对于艺术创作具有狂热的激情，创造力极其丰富，往往一些好的创造作品，需要去包装美化它。
- **价格承受：**墨斋艺术文化有限公司主要根据市场反馈的信息，制定了公道合理的价格策略。同时根据我们的调查，广大书画爱好者、艺术家的价格承受能力较强。

3.3 市场容量估算与趋势预测

根据相关的调查分析显示，2010 年，中国艺术品拍卖市场创下了年成交额约为 586 亿元人民币的新纪录，仅秋拍的成交额就达 380 亿元人民币之多，较 2009 年的 225 亿元人民币的成交额超出了 150% 的增幅，远高于其他经济门类的增幅和涨势。《中国艺术品市场白皮书（2010）》指出，2011 年，中国艺术品市场会持续向好，艺术品拍卖成交额会站在 700 亿元人民币的大关上，可能会冲击 1 000 亿元的规模，中国艺术品市场总规模将达到 3 600 亿元人民币。另据《中国艺术品市场白皮书》2011 年上半年统计，今年春拍成交额已经突破 500 亿元人民币，总成交额高达 508 亿元人民币。今年秋拍成交额预计会在 550 亿元人民币左右。也就是说，全年中国艺术品拍卖市场成交额会突破 1 000 亿元人民币左右的规模（见附图 6）。

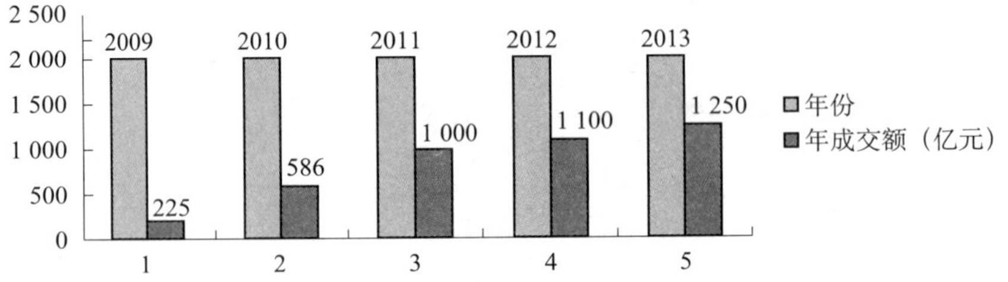

附图 6　中国艺术品拍卖市场走势

由此可知，书画装裱面对的消费群体巨大，产业环境竞争力相对较小，市场前景相对开阔，存在着巨大的商机。墨斋艺术文化有限公司正可以抓住市场的缺口，拓展自身的业务范围，树立自身品牌形象。

3.4 产业结构分析

墨斋产业的结构分析如附图 7 所示。

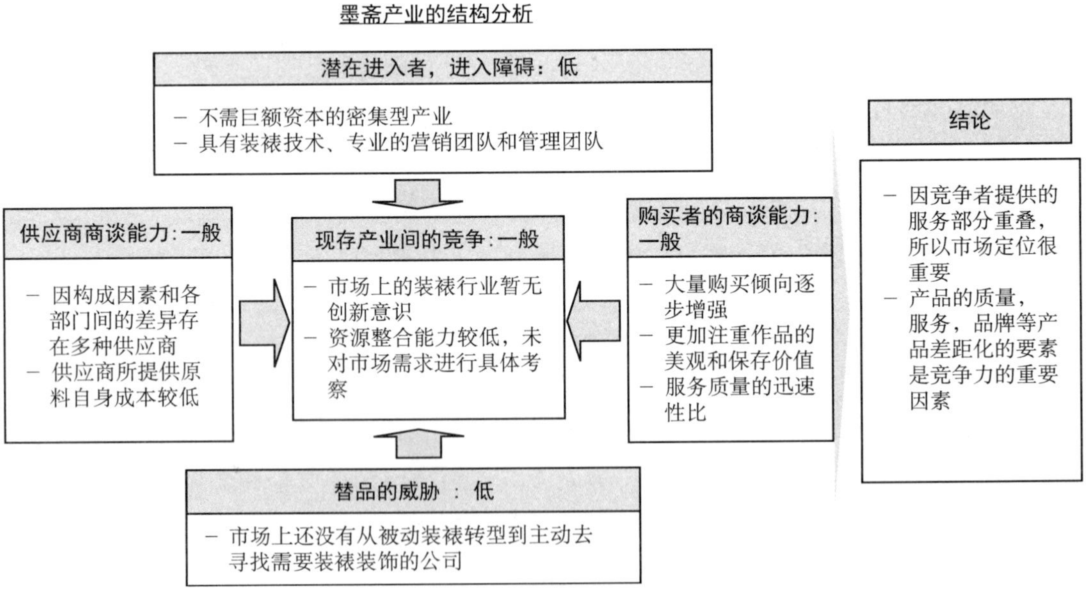

附图 7　墨斋产业的结构分析

3.5 竞争优势

◆ 明确分工：设置不同的管理部门分工，营销部门与顾客及材料商保持密切的联系，随时将反馈信息送至生产部门。同时和温州地区优秀书画艺术家、画室与画廊等保持密切联系，获取“前线”的第一手资料，以掌握市场动态，从而减少库存材料的积存，降低生产成本，提高竞争力。

◆ 客户维系：墨斋艺术文化有限公司将做好客户管理工作和网络管理工作，做好售后服务、送货上门、免费安装，为客户实行一条龙服务，并在规定时间内进行电话回访，反馈质量问题，并设立保修期，把业务做到更好。

◆ 创新性商业模式：建立了书画装裱、收藏、书画展览三合一的可循环的创新性商业模式。

第四部分　竞争战略

4.1 商业目的

4.1.1 市场开发现状分析

1. 传统装裱行业基本情况

- 装裱形式基本沿袭传统的装潢形式；
- 从业人员普遍素质较低，缺乏创新的意识和理念；
- 现代人对书画艺术品在装裱材质、色彩、形式等方面的要求越来越高，现在书画艺术品市场的装裱形式无力满足当前社会对书画装裱形式的需求。

2. 温州装裱行业基本情况

- 劳动密集型产业，生产效率相对较低；
- 营销模式较为传统、单一，属于“守株待兔”式营销；
- 信息资料较为滞后，市场未来走势敏感度不高，工艺更新缓慢，时效性低。

4.1.2 市场进入策略

- 以温州为起点：对文化市场发展趋势情况更加了解，书画艺术品市场需求大，竞争对手竞争力相对较弱，人际关系广泛。
- 以长三角地区为拓展：长三角地区经济发达，书画艺术品市场需求大。资金流动速度快，有助于墨斋文化有限公司的长期发展。

- 以书画爱好者、艺术家为切入点：温州各地区历史文化气息浓重，当地人们对于书画艺术品十分热爱，并且每年在书画作品上的开销较大，墨斋文化有限公司抓住市场提供的巨大机遇，以书画爱好者、艺术家为切入点，打开温州本土市场。

4.2 市场定位

目标客户群从地域角度“从点到面”，主要定位于书画爱好者以及艺术家，也包括其他有需求的社会人士。待公司第二阶段后期，市场表现巩固，与优秀艺术家合作也将纳入公司主营业务，书画收藏家将成为该阶段及其以后公司发展的主要客户群，墨斋文化有限公司将向其提供高层次、个性化的服务。

4.3 墨斋艺术文化有限公司发展战略

墨斋艺术文化有限公司发展战略如附图 8 所示。

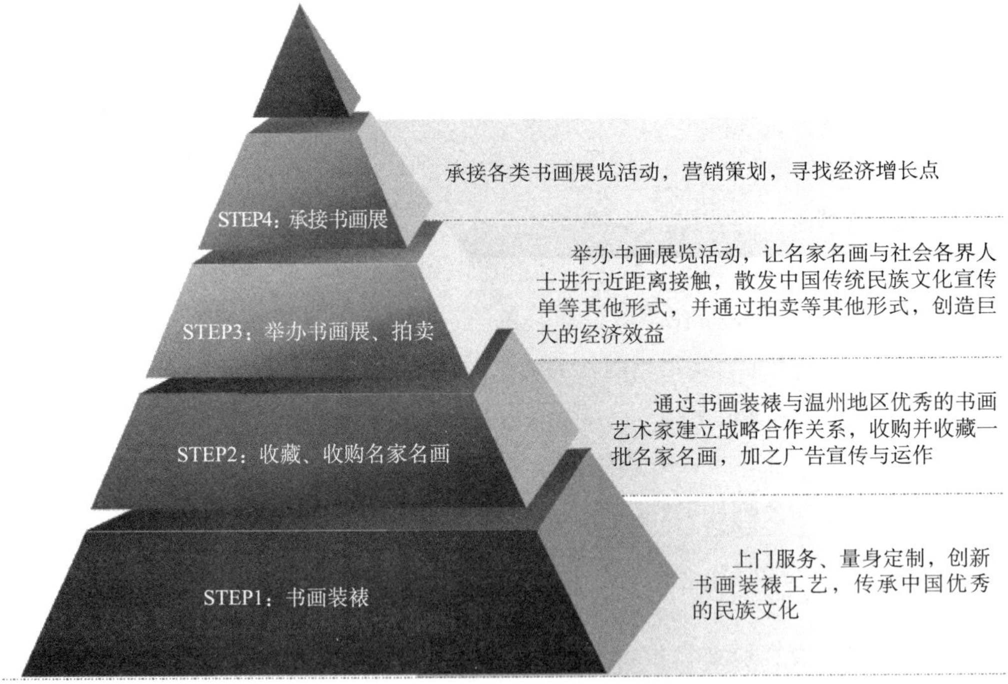

附图 8　墨斋艺术文化有限公司发展战略

4.4 竞争力分析（SWOT）

◆ 优势 Strength

自身优势：相比于市场上的公司来说，我们场地、人员、水电成本更低，同时墨斋艺术文化有限公司的核心团队中有在社会中从事多年书画艺术方面工作的老师，积累了大量的资源与书画鉴赏经验。

信息优势：利用和整合学校资源，集思广益，事先做过充分的市场调查，收集了大量宝贵的第一手信息。

资本优势：公司发展阶段不采用风险投资，无撤资压力与资本风险。已与私人投资者进行接触，他们对于我们的项目颇感兴趣。

◆ 劣势 Weakness

资金劣势：公司成立初的资金主要由团队成员集资而成，剩余资金较少。现金流风险对公司资金产生压力。

经验劣势：学生创业对于公司运营与危机应对的经验需要逐渐积累。

品牌劣势：墨斋艺术文化有限公司初入市场，知名度和美誉度相对较低。

◆ 机遇 Opportunity

市场机遇：温州市场尚未充分开发；书画艺术品市场火爆，同时温州地区对装裱的需求呈上升趋势，公司潜在客户群体即迅速增加。

政策机遇：为支持大学生创业，国家各级政府出台了很多相关优惠政策，特别是学校鼓励创业创新的实践项目。

◆ 威胁 Threat

机遇威胁：客源流动性大，订单数量不明确、不定期。

对手威胁：公司成立不久，知名度不高，竞争对手知名度相对较高，回头客数量多。

第五部分　营销策略

5.1 营销目标

以温州为例，在温州每天有几百户甚至几千户人家在进行室内装潢，而书画装裱正是提升个人生活品质的一种表现；偌大的厅堂需要书画装裱来展现它的大气恢弘；坐在办公室里的办公者需要书画装裱的气息来缓解他们紧绷的神经；酒店、会所等营利性企业需要书画装裱来提升它的档次。书画装裱面对的消费群体巨大，产业环境竞争力相对较小，市场前景相对开阔，墨斋艺术文化有限公司将通过充分的市场调查，建立强大的信息数据库，与书画艺术家进行战略合作；凭借网络推广公司品牌。

5.2 营销战略和总体规划

◆ 销售渠道：主动向酒店、会所等营销墨斋的产品，主动向前来装裱的顾客介绍墨斋的经营内容，提高知名度，扩大影响力。

◆ 价格：对装裱及装裱成品采取合理定价（中低）；对企业客户，免费低层次服务升级到收费高层次、个性化专业服务。

◆ 产品与服务：装裱字、画、十字绣等；接受字画代销的委托；出售装裱成品的字画。

◆ 推广方案：网站广告，参加书画展提高知名度，主动去酒店、会所推广等。

5.3 销售渠道策略

5.3.1 装裱成品销售渠道

◆ 市场公关，与客户群体积聚场所建立合作关系。

◆ 与原材料供应商、作品提供者们结为战略伙伴关系，共享销售渠道，缓解资金流。

◆ 校园推广与校园促销。

5.3.2 其他产品销售渠道

产品的组合优化带来渠道销售的整合，以及产品推广的影响力共享。

5.4 产品与服务策略

5.4.1 收藏、代销名家名画

◆ 充分体现公司的核心竞争力。

◆ 进行特色化的包装与公司细分，体现装裱成品的价值。

5.4.2 电商平台建设

◆ 充分利用在互联网上的优势，在电商平台，如淘宝、京东等开店，作为墨斋艺术文化有限公司品牌的宣传载体与信息媒介，进一步扩大了解墨斋艺术文化品牌的渠道。

◆ 提供即时的个性化装裱的内容，寻求利润增长点，共同实现公司、社会、中国传统民族文化的价值。

5.4.3 高级客户服务

与各大书画协会建立战略伙伴，打通与书画协会的作品来源渠道，使墨斋有稳定的作品源及层出不穷的优秀作品，为举办书画展以及公司的第二阶段打下基础。

5.5 市场策略

5.5.1 酒店、会所等待装修的场所

◆ 囊括为现代家居、厅堂、商场、会议厅、酒店等单位和个人需要用书画艺术品进行装饰的客户提供装裱服务，在装裱工艺上从传统装裱向体现环境个性化服务的现代化装裱转化。

5.5.2 广大书画爱好者、艺术家群体

墨斋艺术文化有限公司的主打产品和服务都将为广大书画爱好者、艺术家量身定制，力求为客户提供个性、时尚、专业的艺术服务，为广大的书画爱好者和艺术家创造特有的客户价值。

5.6 价格策略

◆ 实行差别定价法：对个人书画的装裱合理定价（中低）；对企业客户提供高层次专业服务，相对价格略高。

◆ 兼顾对每件作品成本资金的回笼，即公司现金流的通畅，合理定价。

◆ 企业客户由免费低层次服务转型为收费高层次服务的过渡需可靠，需市场公关。

5.7 沟通策略

◆ 广大书画爱好者、艺术家：以网站为实时沟通平台，并以新客户的新要求作为特色细分的新方向。

◆ 酒店、会所、高校：以走访、面谈为主要沟通方式，掌握已有的市场信息。

第六部分　经营管理

6.1 商业模式

公司本身模式——循环商业模式（以书画装裱为基本立足点，以收藏名家名画为一种商业手段，最终以举办书画展或承接书画展的三步走）。

与书画艺术家合作模式——非固定模式（低层次合作和高层次合作）。

公司的业务初期向书画艺术家免费提供服务，吸引新进客户，快速开拓市场，等市场占有率达到一定程度，公司业务稳定时，再推出一系列的高端收费服务，增加新的赢利点。

6.2 墨斋艺术文化有限公司价值链

墨斋艺术文化有限公司价值链如附图 9 所示。

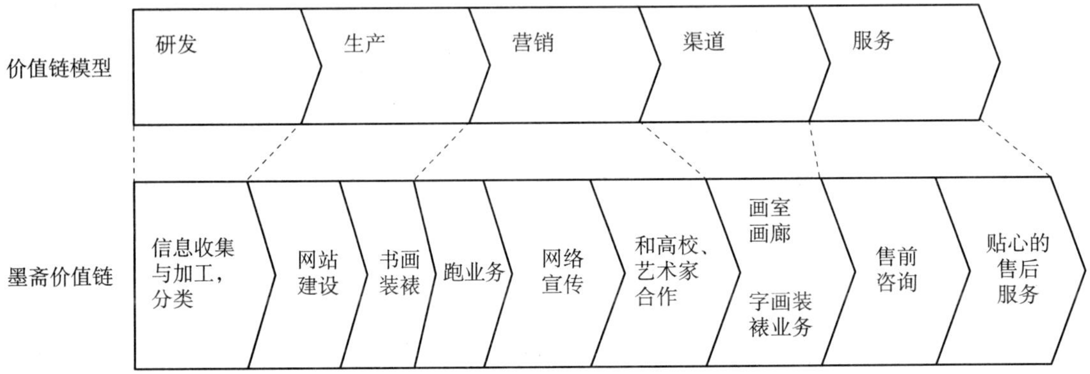

附图 9　墨斋艺术文化有限公司价值链

6.3 价值链分析

信息收集与加工——墨斋艺术文化有限公司提供服务的基础是温州市场提供的信息。公司将通过访谈等形式来获得第一手的资料，访谈工作由公司的正式员工完成。

网站建设——网站是墨斋艺术文化有限公司对外的一个宣传窗口和扩大盈利的一个平台。网站建设工作由公司电商专业人员负责。

营销方式——墨斋艺术文化有限公司会通过在各高校 BBS 的宣传以及与高校有关部门的合作来拓展墨斋艺术文化有限公司的公共关系，同时墨斋艺术文化有限公司会不定期参加社会上的装裱大赛来提高自身的知名度。

渠道——墨斋艺术文化有限公司主要通过与画廊、画室以及书画艺术家的战略合作来拓展市场渠道。

服务——墨斋艺术文化有限公司提供详细的售前咨询和服务，积极做好贴心的售后服务。

第七部分 团队组成

7.1 团队成员

执行总裁（CEO）：杨成功

浙江工贸职业技术学院12级市场营销专业学生，院团委办公室成员，12级市场营销1班班长，工贸精英创业班班长。有过创业经历，曾在成都创办过一个中型画室，创业成果良好。喜爱美术，曾获全国青少年国画金奖。做事认真，热爱学习，喜爱与人交流。性格开朗，诚实守信，敢于面对困难。对创业有着难以磨灭的热情。对于装裱的行业有足够的认识。主要负责日常的生产经营管理活动，使整个企业保持良好的业绩，确保资产保值增值以及每个财政年度末向董事会报告公司的财务状况和赢利能力。

运营总监兼首席信息官（COO & CIO）：叶健康

性格开朗，品格良好，诚实信用，思维灵活，敢于接受新事物、新思想，并且人际交往能力强，做事情有自己的主见。主要负责主持公司日常的运营工作，协调、平衡各部门之间的关系，确保整个企业的良好运作，并维护电商平台的正常运行。

市场总监（CMO）：潘安全

心灵驿站成员，院学生会技能部干事，一个热情、活泼的大男孩，自信而不张扬，正直而不呆板。对待学习态度端正，对待工作兢兢业业。业余时间爱交友，听歌，聊天，散步等。喜欢平时与人相处，群众基础较好。敢于接受新事物、新思想，具有创新精神。主要负责公司的产品推广、品牌建设，保证书画艺术品销售渠道畅通。

财务总监（CFO）：韩富贵

性格内敛不张扬，做事谨慎稳重，但不失年轻人的冲劲。曾在某公司任财务人员且表现优秀，有一定的工作经验。主要负责公司财务管理，对公司的财务控制、会计、收受、金融、投资活动负责，并根据各部门的计划预算资金，提出融资方案，定期向董事会递交财务报告。

公共关系主管（CSR）：胡建设

为人积极向上，在校担任电脑社社长，能熟练运用办公室软件。诚实严谨是他的工作风格，主要负责通过公司的各种公关活动，建立公司产品与服务的识别度，提升公司形象，并负责客户对于公司各种需求的响应，整理以及反馈。

技术总监（CTO）：虞伟大

擅长数据统计，目前正经营一家以女鞋为主的淘宝店，喜欢运动，性格开朗，诚实守信，品性优良，积极上进，做事认真、细心。主要负责淘宝、京东电商平台的搭建。

营销总监（CSO）：杨兴旺

曾经在市场调查公司实习过，也曾在会计岗位上实习过，并熟知 Excel 在会计和财务中的应用。擅长创新，性格开朗，品格相当的良好，以诚实守信为做人的基本原则，思维灵活，敢于接受新事物、新思想，具有创新精神。主要负责制定产品组合计划、制定销售组合计划、制定销售目标计划、制定价格策略。

7.2 团队成员构成分析

虽然墨斋艺术文化有限公司的成员专业背景不同，但从附图 10 可以看到墨斋艺术文化有限公司的成员无论在专业知识还是软技能上都如互补色一样，具有很强的互补性，可以成为一支具有强大战斗力的团队。更重要的是墨斋艺术文化有限公司的团队成员都有共同的理想，为了继承和弘扬中国传统民族文化的使命而共同奋斗。

附图 10　团队成员

第八部分　财务分析与融资

8.1 材料成本分析

装裱材料成本如附表 1 所示，通过数据墨斋艺术文化有限公司发现以实际耗材来计算每成品的成本在 10 元左右，这块长 1 米，宽 0.45 米的成品最后收取的费用为 60 元，利润 50 元左右。越大型的作品装裱起来价格是成倍递增的。

附表 1　装裱材料成本

编号	品名	规格	价格（元）	编号	品名	规格	价格（元）
1	107CM 胶膜	卷 /50 米	155.00	10	带胶高级韩锦	米	9.10
2	97CM 胶膜	卷 /50 米	115.00	11	带胶低温仿韩锦	米	6.00
3	83CM 胶膜	卷 /50 米	90.00	12	带胶六尺色宣纸	张	6.00
4	72 CM 胶膜	卷 /50 米	85.00	13	色宣纸	刀 /100 张	75.00
5	69 CM 胶膜	卷 /50 米	80.00	14	*83CM 精制皮褙纸	卷 /100 米	270.00
6	50 CM 胶膜	卷 /50 米	70.00	15	*97CM 精制皮褙纸	卷 /100 米	310.00
7	包边条	包	30.00	16	◆ 60CM 高级棉纸（褙纸）	卷 /100 米	150.00
8	局条	包	30.00	17	◆ 85CM 高级棉纸（褙纸）	卷 /100 米	190.00
9	白胶条（夹口内贴纸）	把	8.00	18	◆ 100CM 高级棉纸（褙纸）	卷 /100 米	210.00
19	◆ 120CM 高级棉纸（褙纸）	卷 /100 米	260.00	36	100CM 天杆	根	1.20
20	◆ 50CM 机制纸（褙纸）	卷 /100 米	70.00	37	130CM 天杆	根	1.70
21	◆ 65CM 机制纸（褙纸）	卷 /100 米	80.00	38	加厚纸管（130CM）	根	2.00
22	◆ 85CM 机制纸（褙纸）	卷 /100 米	110.00	39	ϕ25 轴头	对	0.95
23	◆ 100CM 机制纸（褙纸）	卷 /100 米	130.00	40	2 米压克力尺	根	300.00
24	◆ 120CM 机制纸（褙纸）	卷 /100 米	140.00	41	1.2 米压克力尺	根	180.00

续表

编号	品名	规格	价格（元）	编号	品名	规格	价格（元）
25	◆ 150CM 机制纸（褙纸）	卷 /100 米	190.00	42	羊眼圈	包	35.00
26	花边剪子（做款式用）	把	120.00	43	小放卷架（83CM）	个	130.00
27	83CM 棉纸型胶纸	卷 /50 米	260.00	44	大放卷架（97CM）	个	180.00
28	97CM 棉纸型胶纸	卷 /50 米	300.00	45	1.1 米机器毛毡	块	60.00
29	83CM 皮纸型胶纸	卷 /50 米	171.00	46	1.3 米机器毛毡	块	80.00
30	97CM 皮纸型胶纸	卷 /50 米	195.00	47	壁纸刀	把	4.00
31	丝带	包	20.00	48	壁纸刀片	10 片 / 盒	3.00
32	双面胶带纸	盘	0.80	49	红木轴头	个	10.00
33	60CM 天杆	根	0.80	50	长卷扣（纯骨料）	套	13.00
34	80CM 天杆	根	0.95	51	小熨斗	把	40.00
35	90CM 天杆	根	1.05	52	喷壶（随机赠送 1 个）	个	5.00

8.2 五年预计盈利分析

◆ 2013 年至 2014 年：主要接书画装裱的单子，全年利润将会在 8 万元人民币左右。

◆ 2014 年至 2015 年：兼顾书画装裱的基础上，承接社会性书画展，全年利润将会在 20 万元人民币左右。

◆ 2015 年至 2016 年：主要承接社会性书画展以及收藏名家名画，同时做好市场营销方面的工作，全年利润将会在 50 万元人民币左右。

◆ 2016 年至 2017 年：主要搭建电商平台，销售名家名画，通过公关与书画市场建立书画销售渠道，同时在浙江省大城市建立墨斋艺术文化有限公司的销售点，全年利润将会在 150 万元左右。

◆ 2017 年至 2018 年：建立书画拍卖行，举办书画拍卖会，同时满足学校、社区、公司、政府部门等室内书画装潢的需求，全年利润将会在 250 万元左右。

第九部分　风险预测与防范策略

9.1 客户接受程度风险

风险：部分客户尚未对我们公司的产品和服务理念给予认可，需求尚未形成。

对策：分析顾客消费心理，投入可承受的人力、物力加强产品制作技术的宣传，充分利用关系寻找、扩大消费市场。这样就会转化为对墨斋艺术文化有利的影响，提高客户的产品忠诚度。

9.2 管理风险

1. 风险

◆ 形象、知名度等方面还处于发展阶段，影响第一年的财务收入。

◆ 管理层年轻，经验不足。

◆ 人员流失，效率低下。

2. 对策

◆ 打造产品知名度，树立公司形象，分阶段稳步实施营销策略。

◆ 管理层注重自身管理能力的提高。

◆ 制定激励机制，充分调动积极性，努力做好人事的管理机制。

9.3 竞争风险

1. 风险

◆ 消费者对产品的抵制情绪和接受程度，提出无理的价格和服务要求。

◆ 潜在竞争者抢夺市场份额。

◆ 产品上市后，不乏有其他模仿者出现。市场的进入壁垒较低，模式易被复制。

◆ 材料供应商抬高材料价格，以次充好，影响团队的品牌和信誉。

2. 对策

◆ 分析消费者心理，加强产品制作技术的宣传；制定完善的公司管理制度及统一的收费标准。

◆ 迅速抢占消费人群市场，加强营销策划，积极打造装裱品牌，充分利用品牌效应，在起步阶段尽可能多的途径寻找稳定的消费者，保证不让新顾客流失，并成为我们忠实的顾客，并通过宣传和社交关系寻找潜在的装裱消费者。

◆ 加强对电商平台的维护，对非法盗用及时用法律手段予以严惩。

◆ 多方选择材料，及时调整材料供应商，坚决不能违背团队的信誉和利益。

参考文献

1. Patricia G. Greene & Mark P. Rice. Entrepreneurship Education. Cheltenham，UK & Northampton，MA，USA: Edward Elgar Publishing，2007.

2. Michael Shattock. Entrepreneurialism in universities and the knowledge economy: diversification and organizational Change in European Higher Education. Maidenhead，UK: Open University Press，2009.

3. G. Page West III，Elizabeth J. Gatewood & Kelly G. Shaver. Handbook of university-wide entrepreneurship education. Cheltenham，UK & Northampton，MA，USA: Edward Elgar Publishing，2009.

4. 王济刚，刘帆 . 大学生创业基础 [M]. 哈尔滨：哈尔滨工业大学出版社，2011.

5. 王振 . 浅析马克思的虚拟资本理论. 经济视角（中旬）[J]. 2011.

6. 布鲁斯 R. 巴林格 . 创业管理机械 [M]. 北京：机械工业出版社，2015.

7. 李肖鸣，朱建新 . 大学生创业基础 [M]. 北京：清华大学出版社，2013.

8. 陈代堂，陈旭明，梁泉生 . 新编财务管理 [M]. 北京：中国商业出版社，2016.

9. 李炳煌 . 高校创业教育模式与策略初探 [J]. 湘潭师范学院学报（社会科学版），2013-11.

10. 刘振亚 . 论科学发展观与高校创业素质教育体系的构建 [J]. 内蒙古师范大学学报（教育科学版），2015-7.

11. 连小敏，阮秀庄 . 大陆香港创业型人才培养模式比较研究 [J]. 科研管理，2015-10.

12. 黄耀华，徐亮 . 高校创业教育的新视角 [J]. 南昌大学学报（人社版），2013-11.

13. 雷家骕. 国内外创新创业教育发展分析 [J]. 中国青年科技，2007-05.

14. 财政部会计资格评价中心 . 财务管理 [M]. 北京：中国财政经济出版社，2017.